SCHÜLERDUDEN
Übungsbücher

SCHÜLERDUDEN
Übungsbücher

Übungen zur deutschen Rechtschreibung II

Groß- und Kleinschreibung

3., nach der neuen Rechtschreibung
völlig neu bearbeitete Auflage
von Jakob Ebner

DUDENVERLAG
Mannheim · Leipzig · Wien · Zürich

Die Deutsche Bibliothek – CIP-Einheitsaufnahme
Übungen zur deutschen Rechtschreibung. –
Mannheim; Leipzig; Wien; Zürich: Dudenverl.
(Schülerduden-Übungsbücher)
Früher verl. vom Bibliogr. Inst., Mannheim, Wien, Zürich
Früher u. d. T.: Duden, Übungen zur deutschen Rechtschreibung
2. Groß- und Kleinschreibung. – 3., nach der neuen Rechtschreibung völlig neu bearb. Aufl./von Jakob Ebner. – 1997
ISBN 3-411-05593-6
NE: Ebner, Jakob

Satz: Grafoline – T · B · I · S, Leinfelden-Echterdingen
Druck: Hans Rappold Offsetdruck GmbH, Speyer
Bindearbeit: Progressdruck, Speyer
Printed in Germany
ISBN 3-411-055593-6

Vorwort

Die Schreibung mit großem oder kleinem Anfangsbuchstaben gehört zu den schwierigsten Kapiteln der deutschen Rechtschreibung, das hat sich mit der Neuregelung der deutschen Rechtschreibung nicht geändert. Das vorliegende Übungsbuch versucht, die Regeln in den einfachen Grundzügen einsichtig zu machen. Es bietet ausführliches Übungsmaterial zu den einzelnen Regeln. Die Übungen sind so angelegt, dass die richtige Schreibung in Mustern eingeprägt wird. Es wird bewusst darauf verzichtet, komplizierte gegensätzliche Schreibungen in einer Übung oder in einem Kapitel gegenüberzustellen. Wo es möglich ist, werden die Schreibungen in einen Zusammenhang mit Wortverwendung oder Grammatik gestellt. Es sollten auch nicht alle schwierigen Einzelfälle behandelt werden, diese schlägt man besser im Wörterbuch nach. Im Vordergrund stehen die klaren Linien. Am Ende des Buches finden sich vollständige Lösungen. Die neue Rechtschreibung wurde sowohl in den einzelnen Schreibungen als auch im methodischen Ansatz verwirklicht. Geänderte Regeln kommen in den Übungen besonders ausführlich vor.
Für wen ist dieses Übungsbuch gedacht? Es schließt an die „Duden-Schülerhilfen Rechtschreibung“ bzw. an andere Rechtschreiblehrgänge der Grundschule an. Im Kernbereich ist das Buch für Schüler von etwa ab 12 bis etwa 16 Jahren gedacht. Der Schwierigkeitsgrad der Übungen zur Groß- und Kleinschreibung ist naturgemäß häufig höher als in den Übungen zur Rechtschreibung, Band I (Die Schreibung der Wörter), da die Regeln auf anspruchsvolleren grammatischen Grundlagen beruhen. Einige schwierigere Übungen sind mit * gekennzeichnet. Das Buch ist daher – bei entsprechender Auswahl – sowohl als Begleithilfe für den Rechtschreibunterricht als auch als Material zum selbstständigen Üben für Schüler und Erwachsene geeignet.
In der Formulierung der Anweisungen wurde eine einfache und zugleich persönliche Form angestrebt und daher durchgehend „du“ in der Anrede verwendet.
Herrn Prof. Dietmar Kaindlstorfer †, Linz verdanke ich viele Anregungen und Beispiele.

Linz, im März 1997 — Jakob Ebner

Inhalt

I. Die Wortarten

Die Groß- oder Kleinschreibung der einzelnen Wörter hängt hauptsächlich von der Wortart ab. Daher folgen einige Vorinformationen und Vorübungen zur Einteilung der Wörter nach den Wortarten.

Wörter werden danach eingeteilt,
- ob sie verändert werden können oder nicht,
- wie sie verändert werden können,
- ob sie im Tempus (in der Zeit) verändert werden können,
- ob sie in verschiedene Fälle gesetzt werden können.

Grundwortarten

Verb	**Substantiv**	**Adjektiv**
(Zeitwort)	(Nomen, Hauptwort)	(Eigenschaftswort)

Wie diese Wörter verändert werden können:

Verb: *Tempus, Person (1., 2., 3. Person), Zahl (Singular, Plural)*

Substantiv:
- vier Fälle (Nominativ, Genitiv, Dativ, Akkusativ),
- Zahl (Singular, Plural),
- drei Geschlechter (Maskulinum, Femininum, Neutrum)

Adjektiv: *wie das Substantiv, außerdem Vergleichsformen (Positiv, Komparativ, Superlativ)*

Was sie ausdrücken:

Verb: *Vorgänge, Zustände, Tätigkeiten*
Substantiv: *Dinge, Lebewesen, Zustände, Begriffe usw.*
Adjektiv: *Eigenschaften, Farben, Zustände usw.*

Beispiele:

Verb:	**laufen, stimmen,** ich **spreche,** wir **wurden gelobt,** ich **dachte**
Substantiv:	der **Wagen,** des **Wagens,** die **Gans,** die **Gänse,** das **Getriebe**, die **Geschwindigkeit**
Adjektiv:	ein **neuer** Bus, eine **neue** Linie, ein **neues** Auto, das **neueste** Modell

1

Suche in dem folgenden Text die Adjektive, Verben und Substantive. Unterstreiche sie in drei verschiedenen Farben.

Der Besitzer des Bogens
Ein Mann hatte einen wertvollen Bogen aus Ebenholz, mit dem er sehr weit und sehr sicher schoss und auf den er sehr achtete. Einmal aber, als er ihn aufmerksam betrachtete, sprach er: „Ein wenig zu plump bist du doch! Deine Oberfläche ist ganz glatt. Schade!" Doch dem ist abzuhelfen, fiel ihm ein. Ich will den besten Künstler Bilder in den Bogen schnitzen lassen. – Das tat er. Und der Künstler schnitzte eine ganze Jagd auf den Bogen. Was hätte besser zu dem Bogen gepasst als eine Jagd? Der Mann war voller Freude. „Du verdienst diese Verzierung, mein lieber Bogen!" – Sogleich will er ihn ausprobieren. Er spannt – und der Bogen zerbricht.
(Nach Gotthold Ephraim Lessing)

Begleiter und Stellvertreter des Substantivs

Artikel und Pronomen

Artikel	Pronomen
nur zusammen mit einem Substantiv	oft statt eines Substantivs, nach Personen veränderbar
der, die, das, ein, eine	ich, du, er, sie, ihnen, wir dieser, diese, dieses mein, dein, sein, ihr niemand, jemand, mehrere

Es gibt verschiedene Arten von Pronomen. Für die Groß- und Kleinschreibung sind am wichtigsten:

das Personalpronomen:	*ich, du, er, sie, es, wir, ihr, mir, mich, unser, euer usw.*
das Possessivpronomen:	*mein, dein, sein, unser, euer, ihr usw.*
das Indefinitpronomen:	*alle, jemand, niemand, etwas, nichts usw.*

Partikel

Adverb	**Präposition**	**Konjunktion**
gibt nähere Umstände an	verlangt einen bestimmten Fall	verbindet Wörter oder Sätze
dort, gestern, umsonst, nein, deshalb, so	auf, für, durch, mit, ohne, zwischen,	und, aber, als, weil, entweder – oder, damit

***2**

Schreibe nun aus dem Text „Der Besitzer des Bogens" (Übung 1) die anderen Wortarten heraus. Ordne sie in einer Tabelle:

Artikel	**Pronomen**	**Adverb**	**Präposition**	**Konjunktion**

Partizip

Es gibt Formen des Verbs, die wie Adjektive behandelt werden. Man nennt sie Partizip. (Daher werden in diesem Übungsbuch mit Adjektiven auch die Partizipien immer mit eingeschlossen.)

Verb (Infinitiv)	**Partizip I**	**Partizip II**
gehen	gehend	gegangen

3

Bilde das Partizip I und II zu:

führen, nachsehen, rasieren, retten, stehen, vortragen, waten

4

In der folgenden Tabelle findest du häufig vorkommende Ausdrücke aus Partizip I + Substantiv. Die Wörter sind aber vertauscht. Welche passen zusammen? Schreibe die Ausdrücke neu auf.

stehende	Hände
der ruhende	Menge
bellende	Gewässer
eine johlende	Verkehr
helfende	Hunde

5

Dieselbe Übung mit dem Partizip II.

die verkehrte	Gesellschaft
wie ein begossener	Augen
eine geschlossene	Artikel
der bestimmte	Welt
mit verbundenen	Pudel

*6

In den Kolonnen findest du Wörter derselben Wortart.
Füge zu den drei Listen weitere Wörter derselben Wortart hinzu.
– Schreibe die Bezeichnung für die Wortart darunter. –
Bilde dann sinnvolle Sätze, indem du passende Wörter aus den Spalten zusammenstellst.

Der	Unternehmer	plante	eine	neue	Fabrik.
	Nachbar	kaufte		große	
	Mann	sanierte		moderne	
	Dr. Lehmann	errichtete		verfallene	
	....	....		....	

*7

Setze die Reihe mit je 5 weiteren Adverbien (2. Spalte) und Adjektiven (3. Spalte) fort.

Auf dem Hügel			
steht ein	ziemlich	baufälliges	Haus.
	besonders	schönes	
	sehr	altes	
	....	....	
	Adverbien	Adjektive, Partizipien	

8

Welche Konjunktion passt in die Sätze? Du findest die Wörter, die du einsetzen kannst, im Rahmen.

aber als damit indem nachdem obwohl und weil

Sie kauften das Haus(,)	....	verkauften es nach einem Jahr wieder.
	....	konnten es dann nicht bezahlen.
	....	der Preis noch niedrig war.

.... sie das Geld anlegen wollten.
.... sie im Alter auf dem Land wohnen können.
.... sie die Wohnung in der Stadt verkauft hatten.
.... sie zu wenig Bargeld hatten.
.... sie einen Kredit aufnahmen.

9

Welche Präpositionen passen außerdem noch in den Satz? Füge drei Wörter hinzu.

Unsere Schule liegt	an	der Straße.
	neben	
	....	
Ich arbeite	für	ihn, sie
	ohne	ihn, sie
	......	ihm, ihr

10 Zusammenfassung

Suche in dem folgenden Text Beispiele für die verschiedenen Wortarten. Schreibe sie in einer Tabelle auf.

„Geschwind! Zu den Waffen!“, rief ein Bauer seinem Esel zu, als die Feinde im Anzug waren. „Zu den Waffen?“, antwortete dieser. „Ich sehe nicht ein, warum. Mir kann es gleichgültig sein, wem ich gehöre. Ich muss nun einmal Lasten tragen; gleichviel, wer sie mir auflegt.“ – So sprach er und erwartete die Ankunft der Feinde, ohne sich von der Stelle zu rühren.
(Nach: Christian August Fischer)

Substantiv	**Verb**	**Pronomen**	**Präposition**

Konjunktion	**Adjektiv**	**Adverb**

Änderung der Wortart

Im Deutschen schreibt man die **Substantive** mit großem Anfangsbuchstaben, alle anderen Wortarten (mit Ausnahme am Satzanfang) mit kleinen Anfangsbuchstaben. Wörter können ihre Wortart ändern. Jede Wortart kann zum Substantiv werden. Diesen Vorgang nennt man **Substantivierung:**

erleben	das Erleben
kaufen	das Kaufen
grün	das Grün
ich	das Ich

Die Wörter können auch durch Wortbildungsmittel zu Substantiven werden:

erleben	das Erlebnis
kaufen	der Kauf
sich begeben	die Begebenheit
sich freuen	die Freude

Substantive werden zu anderen Wortarten:

der Abend	abends
die Schuld	ich bin schuld

(Übungen zu den Regeln dieser Seite findest du in den folgenden Abschnitten.)

II. Substantive (Nomen)

Substantive schreibt man mit großem Anfangsbuchstaben.

11 Wie erkennt man Substantive?

Ein Hinweis für Leseratten:
„Die Farm der Tiere" von George Orwell erzählt folgende Geschichte:

Auf der Farm von Mister Jones beschließen die Tiere unter der Führung der Schweine Schneeball und Napoleon den Ausbeuter Mensch zu vertreiben, weil sie der Meinung sind, dass der Gewinn aus ihrer Arbeit ihnen selbst zustünde. Nach erfolgreichem Aufstand wird die Farm umgestaltet: Alle Tiere sind gleich, doch die Schweine befehlen und treiben an. Schließlich zerstreiten sie sich und Napoleon tötet mit Hilfe scharfer Hunde seinen Genossen Schneeball. Jetzt wird Napoleon zum Diktator und lässt sich verherrlichen. Schließlich laufen die Schweine auf zwei Beinen und sind nicht mehr vom Menschen zu unterscheiden. So verraten sie ihre tierischen Genossen, verbünden sich wieder mit dem Menschen und nennen die „Farm der Tiere" in „Herrenhaus" um.
(Aus: Meyers Jugendlexikon)

a) Substantive können einen Artikel haben:
ein Hinweis, (auf) **der** Farm, ...
b) Manchmal fehlt der Artikel, man kann ihn sich aber dazudenken:
folgende Geschichte – **die** folgende Geschichte
c) Der Artikel kann mit einer Präposition verschmolzen sein:
zum (zu dem) Diktator, ...
d) Substantive können ein Pronomen als Begleiter haben:
ihrer Arbeit, ...
e) Sie können ein Adjektiv (oder Partizip) als Begleiter haben:
erfolgreichem Aufstand, ...

Suche jeweils wenigstens ein weiteres Beispiel aus dem Text.

12

Substantive erkennt man an Fallendungen und Mehrzahlformen,

z. B. des Auto**s**, die Kreuzung**en**.

Unterstreiche in den folgenden Wörtern die Beugungszeichen. Schreibe die Grundform (Nominativ Singular) auf, rahme den großen Anfangsbuchstaben ein.

die Häuser	die Führungen
des Vaters	den Freunden
die Tücher	auf den Dächern

*13

In den folgenden Sätzen finden sich Substantive ohne Artikel. Denke dir zu den Substantiven einen bestimmten oder unbestimmten Artikel dazu. Rahme den großen Anfangsbuchstaben ein. (Achtung: Die Sätze mit Artikel sind im Stil meist nicht ebenso gut wie ohne Artikel.)

Weder Baum noch Strauch waren weit und breit zu sehen.
Kommt Zeit, kommt Rat.
Mit Blumen kannst du mir viel Freude machen.
Mittags aßen wir Spiegelei und Spinat.
Aus Angst vor Strafe kam er nicht heim.
Bücher, Hefte und Schreibzeug waren im ganzen Zimmer verstreut.
Autos fahren schneller als Fahrräder.
Ich esse gerne Apfelkompott.

14

Substantive erkennt man oft an der Endsilbe.
Wörter mit der Endung -ung, -heit, -keit sind immer Substantive.

Bilde zu den Adjektiven ein Substantiv mit einer der angegebenen Endsilben. Kreise den großen Anfangsbuchstaben ein.

heiter	fahnden
ängstlich	wichtig
dumm	neu
rechnen	schön
frech	ahnen

15

Wörter mit der Endung -nis, -tum und -schaft sind ebenfalls Substantive.

Bilde zu den Adjektiven ein Substantiv mit einer der angegebenen Endsilben. Kreise den großen Anfangsbuchstaben ein.

hindern	Held	bekannt
irren	versäumen	bereit
kennen	verwandt	reich
erleben	Freund	erben
gestehen	alt	eigen

16

Viele Substantive haben die Endung -er und dazu eine weibliche Endung -in.

Welche Berufe lassen sich durch folgende Tätigkeiten charakterisieren? Schreibe die männliche Form auf -er und die weibliche auf -erin auf. Rahme den großen Anfangsbuchstaben ein, z. B. unterrichten – Lehrer, Lehrerin.

nähen	schweißen	pflügen
pflanzen	malen	dichten
predigen	singen	verkaufen
fahren	hobeln	programmieren

17

Viele Berufsbezeichnungen enden auf -ist. Dazu gibt es weibliche Formen auf -istin.

Schreibe die männliche und die weibliche Berufsbezeichnung zu den Wörtern auf. Unterstreiche die Endsilben -ist und -istin sowie den großen Anfangsbuchstaben.

Drogerie	Polizei	Orgel
Humor	Maschine	Jura
komponieren	telefonieren	

18

Berufe auf -ent
Bilde zu den Verben die dazugehörende Berufsbezeichnung.

assistieren	dirigieren	produzieren
referieren	präsidieren	regieren
studieren		

19

Forme die Verben durch die Nachsilbe -ung zu Substantiven um. Bilde auch (wo es möglich ist) Zusammensetzungen. Unterstreiche nach dem Muster: Die Menschen bedrohen die Umwelt. – die Bedrohung der Umwelt – die Umweltbedrohung

Abgase verschmutzen die Luft.
Die Bevölkerung wird durch den Lärm der Diskotheken belästigt.
Zigarettenrauch am Arbeitsplatz schädigt die Gesundheit.
Industrieabwässer verseuchen das Wasser.
Viele Pflanzen werden ausgerottet.

20

Substantive kann man auch durch die Bedeutung erkennen. Wir unterscheiden Konkreta und Abstrakta.

Konkreta	**Abstrakta**
mit Sinnen wahrnehmbar. Man kann sie sehen, riechen, anfassen, z. B. Apfel, Haut, Maschine	nur im Denken vorhanden, z. B. Ewigkeit, Zweck, Gefühl

Trage die folgenden Substantive in die Tabelle ein:

Tisch, Freude, Herz, Computer, Bienenschwarm, Einsicht, Aufrichtigkeit, Schwert, Kälte, Ehre

21

Drei Arten von Konkreta:

zählbare einzelne Dinge	**Sammelbegriffe**	**Stoffbezeichnungen**
z. B. Bleistift	z. B. Obst	z. B. Papier

Ordne die Substantive in einer Tabelle diesen drei Gruppen zu:

Auto, Baum, Bevölkerung, Blitz, Publikum, Fernseher, Getreide, Geschirr, Gold, Milch, Öl, Schnee, Tierwelt, Wasser

22

Im Allgemeinen bezeichnen Substantive Dinge oder Gedankliches. Tätigkeiten werden meist von Verben ausgedrückt, z. B. laufen, helfen, schlafen. Solche Tätigkeiten können aber auch von Substantiven ausgedrückt werden, z. B. der Lauf, die Hilfe, der Schlaf, das Essen.

Bilde zu den Verben ein Substantiv, das dieselbe Tätigkeit ausdrückt. Setze den Artikel davor, rahme den großen Anfangsbuchstaben ein.

bauen – der ....
spülen – die ....
reiten
sitzen
strömen
leiden – das ....
springen
leuchten
jagen
betten
ruhen
kaufen

23

Hier findest du eine Liste mit Wörtern in Großschreibung. Schreibe die Wörter in Normalschrift auf. Bei den Substantiven achte auf den großen Anfangsbuchstaben. Schreibe zu den Substantiven einen Artikel (oder ein Pronomen oder eine Präposition) dazu, an dem du die Wortart erkennst.

HAUS	NEIN	DÜSENANTRIEB
GARTEN	STRASSE	NIRGENDS
SCHÖN	ICH	UMWELTSCHUTZ
SINGEN	SKISPORT	EINRICHTEN
ÜBER	SIEBZEHN	BUNDESKANZLER
FRAU	BAHNHOF	SEINESGLEICHEN
ABER	LAUFEN	MÄNNLICH

24

In den folgenden Kurzsätzen fehlt ein Substantiv. Du findest es im Rahmen. (Manche kommen zweimal vor.) Vervollständige die Sätze. Rahme den großen Anfangsbuchstaben ein. Schreibe die Substantive mit ihrem Artikel nochmals auf.

Angst Ernst Feind Freund Leid Not Recht Schuld

Die Flüchtlinge leiden große ....
Du bist völlig im ....
Auf dich kann ich mich verlassen, du bist mein ....
An diesem Unglück habt ihr keine ....
Sie macht jetzt endlich ....
Trotz der Gefahr hatten wir keine ....
Er ist ihm trotz seines Verhaltens nicht ....
Es tut uns ......, dass Sie vergeblich gewartet haben.
In dieser Situation tut rasche Hilfe ....
Sie hat ......, wenn sie sich das nicht länger gefallen lässt.

25

Welches Wort passt in welchen Satz? Schreibe die Substantive mit ihrem Artikel nochmals auf.

Diät (2×) Bange Acht Bankrott Gram Leid Not Weh

Der Arzt verordnete ihm diese strenge ....
Seit ihrer Krankheit lebt sie ....
Du brauchst keine .... zu haben!
Tiefes .... erfüllte ihr Herz.
Sie starb aus .... über den Verlust ihrer Familie.
Die Firma steht vor dem ....
Der Krieg brachte riesiges .... über die Bevölkerung.
Wir ließen seine Warnungen außer ....
Eine Renovierung des Schlosses tut schon lange ....

26

Auch hier fehlt ein Substantiv, das im Rahmen zu finden ist.

Angesicht Bezug Dank Hand Kraft Seite Trotz

Die Frau ging ihrer kranken Nachbarin oft zur ....
Als .... für die Hilfe brachte sie ein Geschenk.
Das Gesetz tritt mit Jahresbeginn in ....
Aller Gefahren zum .... wagte er den Aufstieg.
Er war immer auf der .... der Hilflosen.
Im .... des Krieges ist eine Feier nicht angebracht.
Mit .... auf Ihren Brief senden wir Ihnen das neueste Angebot.

Zeitangaben

Substantive können Tageszeiten angeben.

27

Welches dieser Substantive passt in welchen Satz? Vervollständige die Sätze. Unterstreiche den Artikel oder das Pronomen, das zur Zeitangabe gehört. Kreise den großen Anfangsbuchstaben ein.

der Morgen
der Nachmittag
der Vormittag
der Abend
der Mittag
die Nacht
die Mitternacht

Es war ein schöner, frischer ....
Den ganzen .... saßen wir vor dem Fernseher.
Ich wünsche euch noch einen schönen ....
Den .... verbringen wir in der Schule.
Sie isst jeden .... bei ihrer Mutter.
Der Kranke verbrachte eine ruhige ....
Die Glocke schlug zur ....

28 **Tageszeiten**

Verbinde die Substantive für Tageszeiten mit einem Adverb für Tageszeiten. Schreibe die Ausdrücke auf.

gestern heute morgen vorgestern übermorgen	↔	der Morgen der Nachmittag der Vormittag der Abend der Mittag die Nacht die Mitternacht

gestern Morgen
heute ....

29

Gespiegelte Wörter
Setze in den Zusammensetzungen ein passendes Substantiven für eine Tageszeit ein. Einmal ist die Tageszeit Grundwort, einmal Bestimmungswort. Schreibe die Wörter mit dem Artikel auf, rahme den großen Anfangsbuchstaben ein.

Beispiel: der Sonntag**mittag** – die **Mittag**szeit

Feier	.... essen
Frühlings	.... grauen
Fernseh	.... nachrichten
Mond	.... film
Sonntag	.... unterricht

30

Gespiegelte Wörter
Die beiden Worthälften lassen sich vertauschen, trotzdem entsteht ein neues sinnvolles Wort.

Schreibe beide Wörter mit dem Artikel auf,
z. B. der Kurs**abend** – der **Abend**kurs.

Sturmnacht	....
Gewitternacht	
Musikabend	
Liederabend	
Diskussionsabend	
Unterrichtsvormittag	

31

Besonders oft kommen solche Zeitangaben mit Präpositionen vor.

am Morgen	*vor Mitternacht*	*zu Mittag*
vom Morgen	*bis zum Abend*	*gegen Abend*

Schreibe aus den folgenden Sätzen die Präposition mit dem dazugehörenden Substantiv heraus. Kreise den großen Anfangsbuchstaben ein.

Beispiel: **Am** letzten __bend des Jahres feiern wir. – **am A**bend

Die Post wird bei uns erst am späten __ormittag zugestellt.
Ich komme gegen __bend.
Kommst du zu __ittag nach Hause?
Schon am frühen __orgen geht er zum Joggen.
Hast du schon zu __bend gegessen?
Vom frühen __orgen bis zum späten __bend sitzt du am Computer!
Im letzten __ommer habe ich in einem Krankenhaus gearbeitet.

32

Welcher Wochentag bzw. welche Jahreszeit passt in den Satz?

Der letzte .... vor Ostern wird als Gründonnerstag bezeichnet.
Der .... beginnt am 21. Juni, der .... am 21. Dezember.
Am .... hören wir bereits mittags zu arbeiten auf.
Am .... sehe ich viele meiner Nachbarn ihr Auto waschen.

33

In der linken Spalte stehen Wochentage, Festtage und Jahreszeiten, in der rechten Tageszeiten. Bilde Zusammensetzungen, schreibe sie mit dem Artikel und mit einer Präposition auf.

Beispiel: Sonntag/Morgen – der Sonntagmorgen – an einem Sonntagmorgen

Donnerstag Montag Frühling Winter Weihnacht Spätsommer Ostern	↔	Morgen Nachmittag Abend Nacht

34

Manche Zeitangaben stehen im Genitiv.

eines Morgens
eines Nachmittags
des Abends
des Nachts (alte Form)
eines Tages

Ersetze in den folgenden Sätzen solche Zeitangaben im Genitiv durch einen Ausdruck mit einer Präposition.

Beispiel: Eines Morgens – An einem Morgen, am Morgen.

Eines Morgens erhielt ich einen mysteriösen Telefonanruf.
Des Nachts beginnen die Fledermäuse zu jagen.
Eines Abends begann er von schaurigen Erlebnissen zu erzählen.
Eines Tages im Mai traf er einen alten Jugendfreund.
Des Abends pflegt Großvater Aufzeichnungen im Tagebuch zu machen.
Eines schönen Sonntags fuhren wir an einen Badesee.

Maß- und Mengenangaben

35

Welche Maß- oder Mengenangabe passt zu welchem Material? Schreibe Verbindungen auf, kreise den großen Anfangsbuchstaben ein.

Beispiel: ein Liter Milch

ein __iter	Getreide
ein __utzend	Seife
zwei __entner	Milch
ein __tück	Eier
ein __ilo	Zigaretten
eine __ackung	Wein
eine __lasche	Bananen
ein __aar	Strümpfe

36

Forme die Zusammensetzungen zu getrennten Substantiven um. Rahme die beiden Substantive ein.

Beispiel: ein Getreidesack – ein Sack Getreide

Steinehaufen	Teetasse
Tortenstück	Schotterladung
Eisportion	Senftube

Fremdwörter

***37**

Aus fremden Sprachen stammende Fügungen werden im Deutschen großgeschrieben, wenn sie einem Substantiv entsprechen (und mit Artikel gebraucht werden können). Welche Bedeutung passt zu welchem fremdsprachigen Ausdruck? Ziehe Linien. Rahme den großen Anfangsbuchstaben in der linken Spalte ein.

eine Terra incognita	englisches Grundgesetz von 1215
das Fait accompli	gemeinsame Unterbringung von Mutter und Kind im Krankenhaus
das Fairplay	Schwimmbecken
die Alma Mater	das höchste Erreichbare
der Swimmingpool	unerforschtes Land
das No-Name-Produkt	faires Verhalten
das Rooming-in	neutral verpackte Ware ohne Markennamen
die Magna Charta	vollendete Tatsache
das Nonplusultra	Universität

Substantive mit Verben und Präpositionen – feste Fügungen

38

In den folgenden Fügungen fehlt das Substantiv. Welches aus dem Rahmen passt? Schreibe die Wendungen auf. Kreise den großen Anfangsbuchstaben ein.

Abend Atem Brand Ende Fuß Hilfe Mode Spaß Stelle Treppen

zu .... gehen
zu .... kommen
zu .... essen
außer .... sein

an die .... treten
.... steigen
zu .... bringen
in .... stecken
in .... kommen
.... machen

39 Präposition + Substantiv + Verb

Welche Bedeutung passt zu welcher festen Verbindung? Schreibe die Verbindungen nochmals auf, kreise die großen Anfangsbuchstaben ein.

in Flammen aufgehen
zu Grabe tragen
zu Wort kommen
nicht mehr ganz bei Sinnen sein
zu Rande (zurande) kommen
zu Rate (zurate) ziehen
aufs Spiel setzen
zur Stelle sein

leichtfertig riskieren
meistern, bewältigen
beerdigen
um Rat fragen
im rechten Moment da sein
Gelegenheit zum Sprechen erhalten
etwas Verrücktes tun
verbrennen

40

Schreibe zu den folgenden festen Fügungen einen Satz. Eine Ergänzung ist in Klammern hinzugefügt. Kreise den großen Anfangsbuchstaben ein.

Beispiel: in Angriff nehmen (den Bau des Hauses) – Wir nehmen den Bau des Hauses in Angriff.

in Angst sein (wegen des nahenden Gewitters)
Bescheid geben (über das Ergebnis)
in Gang setzen (die Maschine)
Anteil nehmen (an ihrem Schicksal)
zu Berge stehen (die Haare)

in Kauf nehmen (das Risiko)
zu Protokoll geben (eine Beobachtung vor der Polizei)
Sorge tragen (für die Ausbildung der Kinder)
zur Verfügung stehen (für weitere Ratschläge)
Platz machen (den Zugestiegenen)

41

Welches Substantiv der rechten Spalte passt inhaltlich zur festen Verbindung in der linken? Ziehe die Linien. Schreibe die beiden Substantive mit den Artikeln auf. Kreise die großen Anfangsbuchstaben ein.

Beispiel: Posten stehen – Kaserne; der Posten, die Kaserne.

in Form sein	Popgruppe
zu Boden schlagen	Sportler
Maß nehmen	Gegner
unter Druck stehen	Kasse
zu Mittag essen	Vorhänge
Feuer fangen	Schneider
Schlange stehen	Restaurant
Musik machen	Kessel

42

In den Sätzen fehlen Wörter. Sie sind in den folgenden festen Verbindungen enthalten. Trage sie passend ein. Kreise die großen Anfangsbuchstaben ein.

Halt machen	Folge leisten
die Flucht ergreifen	Rede stehen
Mittag essen	Obacht geben
Mundart sprechen	Wunder wirken

Wenn du die Straße überquerst, musst du ....
Ich werde heute in der Kantine ....
Sie werden vor dem Chef .... für Ihr Vorgehen.

Bevor die Polizei eintraf, haben die Diebe die ....
Wir werden die Reparatur so schnell wie möglich ausführen, aber wir können auch keine ....
An der nächsten Raststätte werden wir .... und tanken.
In dieser Gegend .... die meisten Leute noch ....
Sie müssen der Vorladung bei der Behörde unbedingt ....

43

Schreibe die folgenden festen Fügungen alphabetisch nach der Präposition geordnet auf. Kreise die großen Anfangsbuchstaben der Substantive ein.

an:
auf:
außer:
usw.

außer Kraft setzen
von Vorteil sein
im Wege stehen
um die Wette laufen
auf Besuch sein
in Schach halten
in der Lage sein
im Begriff sein
zur Schau stellen
in der Nähe sein
zur Seite treten
an der Zeit sein
zur Neige gehen
ins Gebet nehmen
auf dem Kopf stehen

44

Vervollständige die Fügungen mit dem jeweils passenden Substantiv aus dem Rahmen. Kreise den großen Anfangsbuchstaben ein.

Anker Berge Beschlag Betracht Betrieb Beweis Blüte Brand Ende Fall Frage Fuß Gang Gemüt

in .... stehen
zu .... stehen
vor .... liegen
zu .... gehen

in .... nehmen	zu .... bringen
in .... ziehen	in .... kommen
in .... setzen	zu .... sein
unter .... stellen	in .... halten
in .... stecken	zu .... führen

45

Vervollständige die Fügungen mit dem jeweils passenden Substantiv aus dem Rahmen. Kreise den großen Anfangsbuchstaben ein.

Kraft Markt Misskredit Mitleidenschaft Mittag Mode
Neige Protokoll Rat Schach Schau Sicht

außer .... kommen	zu .... ziehen
in .... treten	zu .... geben
in .... kommen	zu .... tragen
in .... halten	zu .... essen
in .... bringen	zur .... gehen
in .... ziehen	zur .... stellen

46

Noch eine Gruppe von Fügungen mit Präpositionen, in die fehlende Substantive einzusetzen sind.

Sinnen Stapel Stich Strecke Tapet Tisch Umlauf Verfall
Verruf Verzug Vorschein Wort

aufs .... bringen	vom .... gehen
im .... lassen	von .... sein
im .... sein	zu .... kommen
in .... bringen	zu .... gehen
in .... geraten	zum .... kommen
in .... geben	zur .... bringen

47*

Da stimmt etwas nicht. Die Substantive wurden in den Fügungen vertauscht. Stelle sie richtig.

im Hinblick von
in Hilfe von
mit Maßgabe von
im Gefolge auf
in Gegenwart auf
von Kosten auf
auf Kind von
nach Hinsicht von

48

In jede Fügung passen drei Substantive aus der Liste. Welche sind es? Kreise die großen Anfangsbuchstaben ein.

Angriff Beschlag Ende Fall Hilfe Kauf Ohren Papier Rande Sinnen Übel Vorteil

in .... nehmen
zu .... kommen
zu .... bringen
von .... sein

49

Welches Substantiv fehlt? Ergänze die Sätze mit Wörtern aus den Rahmen der Übungen 44, 46 und 48. Kreise den großen Anfangsbuchstaben ein.

Ein längerer Urlaub kommt für mich nicht in ....
Die Reporter nahmen den Sieger sofort in ....
Wir mussten diese Nachteile in .... nehmen.
Seine Unschuld konnte eindeutig unter .... gestellt werden.
Bei den Grabungsarbeiten kamen einige wertvolle Funde zum ....
Es sind falsche Banknoten in ....

Einige Substantive, die häufig in festen Verbindungen vorkommen

das Unrecht **50**

Füge die folgenden Ausdrücke passend in die Sätze ein.
Kreise das große U ein.

im Unrecht sein
zu Unrecht
ein Unrecht tun
jemandem geschieht Unrecht
sich ins Unrecht setzen
zwischen Recht und Unrecht unterscheiden

Du hast mich .... verdächtigt.
Diesem Politiker ist durch die Presse ....
In diesem Fall .... du ....
Im öffentlichen Leben ist es oft schwer, ... zu ....
Wenn du .... hast, musst du versuchen es gutzumachen.
Wenn du deine Gegner so beschimpfst, ... du dich ....

das Mal **51**

Das Substantiv das Mal, *Plural* die Male, *bezeichnet einen Zeitpunkt.*

Präge dir die Ausdrücke ein. Setze passende Ausdrücke in die Sätze unten ein.

das erste Mal	beide Male
das letzte Mal	wie viele Male
ein anderes Mal	ein paar Hundert Male
ein einziges Mal	für dieses eine Mal
manches liebe Mal	so viele Male
kein einziges Mal	von Mal zu Mal
ein jedes Mal	mit einem Male

Es war das ...., dass ich dich ermahnt habe.
.... will ich noch Nachsicht üben.
Die Begeisterung ließ .... nach.
Das habe ich schon so .... gedacht.
.... hast du den Text wiederholt?
Deine Leistung wird .... besser.

52 .... die Schuld

Vervollständige die Sätze unten durch den passenden Ausdruck aus dem Rahmen.

Schuld tragen
das ist meine Schuld
sich keiner Schuld bewusst sein
jemandem die Schuld zuschieben

Erst nähere Untersuchungen werden ergeben, wer an dem Unfall die ....
Jetzt hat er einen Sündenbock gefunden, dem er ....
Du brauchst dich nicht zu entschuldigen, das war ....
Ich bin mir keiner ....

53 .... der Ernst

Vervollständige die Sätze unten durch den passenden Ausdruck aus dem Rahmen.

Ernst machen	es ist mir Ernst
im Ernst	der Ernst des Lebens
es wird Ernst	es ist sein bitterer Ernst

Nach der Schulzeit beginnt der ....
Hast du das ...... behauptet?
Wenn alle Mahnungen nichts nützen, müssen wir ....
Ich scherze nicht, es ist mir völliger .... damit.
Achte auf seine Worte, es ist sein ....
Die Arbeit beginnt, jetzt wird es ....

*54

das Recht

Suche aus der folgenden Liste die Merkmale, an denen man erkennt, dass Recht hier Substantiv ist.

ein Recht auf etwas haben
auf sein Recht pochen
Recht sprechen
Recht fordern
sein Recht suchen
im Recht sein
zu seinem Recht kommen
mit Recht
ohne Recht
von Rechts wegen

*55

Suche (aus der vorhergehenden Übung) zu folgenden Ausdrücken einen gleichbedeutenden Ausdruck mit Recht.

zu etwas berechtigt sein	______________________
gebührend berücksichtigt werden	______________________
Gerichtsurteile fällen	______________________
nachdrücklich auf etwas bestehen	______________________

III. Ehemalige Substantive

Wörter können ihre Wortart wechseln. Manche Substantive sind in andere Wortarten übergegangen. Solche ehemaligen Substantive (Desubstantivierungen) schreibt man klein.

Beispiele für ehemalige Substantive:

die Angst	mir wird angst
der Dank	dank deiner Hilfe
das Paar	ein paar Äpfel

Adjektive

Ehemalige Substantive, die zu Adjektiven geworden sind, erkennt man oft daran, dass man mit „wie?" nach ihnen fragen kann. Man schreibt sie mit kleinen Anfangsbuchstaben. Die meisten dieser Wörter kommen aber nur in einer kleinen Zahl von Fügungen vor. Es ist daher am einfachsten, sich diese Fügungen einzuprägen.

56

Unterstreiche das kleingeschriebene ehemalige Substantiv und das Verb, das zur Fügung gehört.

Mir wird angst.
Es steht ernst um sie.
Das ist uns ganz recht.
Du bist schuld.
Das ist schade.
Die Firma ist bankrott.

57

Welche Fügung passt zu welcher Bedeutung? Schreibe die passende Fügung (von Übung 56) dazu.

Ihre Lage ist beunruhigend.
Leider.
Ich fürchte mich.
Das ist für uns ganz günstig.
Du bist die Ursache.
Die Firma ist zahlungsunfähig.

Einige Substantive sind zum Teil in andere Wortarten übergegangen und werden daher in manchen Verbindungen kleingeschrieben. Es ist eine Liste von sechs Wörtern, die kleingeschrieben werden, wenn sie mit den drei Verben **sein, bleiben** oder **werden** verbunden sind. Diese Wörter prägt man sich am besten ein:

angst bange gram leid pleite schuld	↔	sein bleiben werden

58

Setze ein passendes der sechs Wörter ein. Achte auf die Kleinschreibung.

Mir wird ganz ……., wenn ich an die nächste Prüfung denke.
Bei diesem Geräusch wird mir ……. .
Weil sie uns versetzt hatte, sind wir ihr lange ……. geblieben.
Ich bin es ……., dir immer dasselbe sagen zu müssen.
Seit das Exportgeschäft zusammengebrochen ist,
ist die Firma ……. .
Er ist ……. an dem Unglück.

Adverbien

Ehemalige Substantive, die zu Adverbien geworden sind, werden kleingeschrieben.

des Abends		abends
der Anfang	➔	anfangs
jeden Dienstag		dienstags

An einem -s am Wortende kann man oft die Adverbien und somit die Kleinschreibung erkennen.

59

Forme die Wortgruppen mit Präposition zu einem Adverb um. Kreise den kleinen Anfangsbuchstaben ein.

an jedem Sonntag – ....
immer zu Mittag
an jedem Feiertag

60 **Im Theater**

Der Tagesablauf eines Schauspielers an einem normalen Tag mit Abendvorstellung, auch an Wochenenden und an Feiertagen.

8.30 Uhr	Aufstehen
9.00	Frühstück
9.30	Fahrt zum Theater
10.00	Probe
14.00	Mittagessen
15.00–18.00	Pausen, Rollenstudium, Funkaufnahmen
18.30	Fahrt zum Theater
19.30	Beginn der Abendvorstellung
22.00	Ende der Vorstellung, Abschminken, Umziehen
22.30	Treffen mit Kollegen in einem Restaurant, Diskutieren über Rollen und Vorstellungen
24.00 Uhr	Heimfahrt, Schlafengehen

Beantworte die folgenden Fragen. Verwende dabei aber ungefähre Zeitangaben mit Adverbien.

Wann finden die Proben statt? – Sie finden .... statt.
Wann hat er Zeit für Funkaufnahmen? – Dafür hat er .... Zeit.
Wann spielt er oder sie die Vorstellung? – Sie spielen ....
Wann fährt er das erste Mal ins Theater? – Er fährt ....
Wann diskutiert er mit Kollegen? – Er diskutiert ....
Wann lernt er die Rollen? – Er lernt .... die Rollen.

morgens/abends **61**

Setze das passende Wort ein (5x abends, 2x morgens).

Ich komme immer erst spät .... nach Hause.
Sie steht von .... bis .... hinter der Theke.
Ich kann .... immer schwer einschlafen.
Die Theatervorstellungen beginnen um acht Uhr ....
Am Dienstag läutete mein Wecker .... nicht.
Morgen gibt es ...... im Fernsehen einen interessanten Film.

morgen/der Morgen

Das Wort Morgen bzw. morgen kann in zwei verschiedenen Reihen stehen:
Morgen – Mittag – Abend
gestern – heute – morgen
Das eine Mal ist es Substantiv, bedeutet „Beginn des Tages" und wird großgeschrieben, das andere Mal Adverb in der Bedeutung „am nächsten Tag" und wird daher kleingeschrieben.

62

Welche Schreibung ist richtig? Unterstreiche die richtige Form.

Ich komme Morgen/morgen um 4 Uhr zu dir.
Am Morgen/morgen geht der erste Bus um 6 Uhr.
So ein schöner Morgen/morgen!
Hast du die Aufgaben für Morgen/morgen schon gemacht?
Unsere Vereinsversammlung ist Morgen/morgen Abend.

63

Setze das passende Wort ein.

anfangs	augenblicks	bestenfalls	eingangs	namens
rings	seit alters	tags darauf	winters	zeitlebens

Die neue Erfindung versprach .... ein Erfolg zu werden.
Ich weiß nicht, was .... geschah.
Der Vortragende wies .... auf die Notwendigkeit der Mülltrennung hin.
Ich ließ mir die Telefonnummer geben, habe sie aber .... wieder vergessen.
Er geht sommers wie .... zu Fuß.
Die Batterie hält .... ein Jahr.
Und .... um die Burg führt ein Wassergraben.
Der Präsident überbrachte Glückwünsche .... des Vereinsvorstands.
In dieser Gegend wird .... die bunte Festtagstracht getragen.
Sie kannte .... nur Not und Sorge.

64

Adverbien mit -falls

Bilde aus den Substantiven ein Adverb mit -falls.

im gleichen Fall – gleichfalls	auf jeden Fall – ....
der Notfall –	auf keinen Fall – ....
der geringste Fall –	im gegebenen Fall – ....

65 Adverbien mit Seite

Setze das passende Wort aus dem Rahmen ein.

beiseite legen	beiseite schaffen	abseits
deinerseits	längsseits	beiderseits

Wenn alle helfen, sollst du nicht .... stehen.
Der Betrüger konnte die Beweise rechtzeitig ....
Bestehen .... noch Fragen zu diesem Vertrag?
Er war ein sparsamer Mensch und hatte eine hübsche Summe ....
Wir legten das Boot .... am Ufer an.
Hochwasserdämme sind .... des Flusses angelegt.

66 Adverbien mit Zeit

Welches Synonym (gleichbedeutende Wort) passt zu welchem Wort mit dem Bestandteil -zeit-? Ziehe die Linien.

allzeit	vor langer Zeit
beizeiten	damals
zeitlebens	immer
derzeit	rechtzeitig
seinerzeit	während des ganzen Lebens
vorzeiten	jetzt
zuzeiten	zu gewissen Zeiten

67 Adverbien mit dem Bestandteil -weise

Forme die Ausdrücke zu einem Adverb mit -weise um. Kreise den kleinen Anfangsbuchstaben des neuen Wortes ein.

im Vergleich zu etwas anderem – vergleichsweise
als Versuch – ....
zum Glück – ....
vielleicht, es ist möglich – ....
in Mengen von Litern – ....
in gleicher Weise – ....

obwohl er mir unbekannt ist – ....
was ganz erstaunlich ist – ....

> *Zum Substantiv das Mal gibt es Adverbien mit -mal und mit -mals.*

68 -mals

Bilde Adverbien mit dem Bestandteil -mals.

das erste Mal – erstmals
oft – ....
noch einmal – ....
viele Male – ....
die vorigen Male, früher – ....
mehrere Male – ....
wieder – ....
das letzte Mal – ....
nie – ....

69 -mal

Bilde Adverbien mit dem Bestandteil -mal.

das eine Mal – einmal
hunderte Male – ....
ein einziges Mal – ....
ein anderes Mal – ein ....
dieses Mal – ....
immer – ....
kein einziges Mal – ....
12-mal – ....
so manches Mal – ....

***70**

-maßen

Welches Wort mit -maßen passt in welchen Satz? Kreise den kleinen Anfangsbuchstaben ein.

verdientermaßen
folgendermaßen
einigermaßen
gezwungenermaßen
gewissermaßen

Jetzt ist die Wohnung wieder .... sauber.
Weil kein Taxi zu erreichen war, sind sie .... zu Fuß nach Hausc gegangen.
Wir haben das Spiel .... verloren.
Ich erkläre dir das Gerät.
Es funktioniert .... :
Er vertritt bei ihm .... die Stelle der Eltern.

Präpositionen

> *Ehemalige Substantive, die zu Präpositionen geworden sind, erkennt man oft daran, dass sie einen bestimmten Fall verlangen. Solche ehemalige Substantive werden kleingeschrieben.*
>
> das Angesicht angesichts (der Tatsache ....)

71

Einfache Wörter

Welches Wort fehlt? Setze es ein. Kreise die kleinen Anfangsbuchstaben ein.

> dank statt trotz um – willen wegen zeit

Die Straße war .... des Hochwassers gesperrt.
Der Bau wurde .... der schlechten Witterung rechtzeitig fertig.

Sie ging .... ihres Kollegen zum Telefon.
Sie gab .... des lieben Friedens .... nach.
Der Verunglückte konnte .... des Einsatzes der Rettungsmannschaften geborgen werden.
Das werde ich .... meines Lebens nicht vergessen.

72* Wörter auf -s

Welches Wort fehlt? Setze es ein. Kreise die kleinen Anfangsbuchstaben ein.

angesichts mangels mittels namens seitens

Der Wagen wurde .... einer Hebebühne gehoben.
Der Angeklagte wurde .... Beweisen freigesprochen.
Bisher wurde .... der Direktion nichts unternommen.
Der Flugverkehr wurde .... der Unruhen eingestellt.
Dem Jubilar wurden .... der Geschäftsleitung Glückwünsche überbracht.

73 Präposition + Substantiv

Welches Wort fehlt? Setze es ein. Kreise die kleinen Anfangsbuchstaben ein.

inmitten infolge aufseiten vonseiten zufolge

Bis jetzt erging .... der Behörde noch keine Antwort.
Die Bergsteiger gerieten .... eines Wintereinbruchs in Lebensgefahr.
Wegen der Marktregelung herrscht .... der Bauern große Erbitterung.
Das Kind lag .... der Koffer und Taschen und schlief.
Den letzten Meldungen .... ist er verunglückt.

***74**

Ausdrücke aus der Behördensprache

Welches Wort fehlt? Setze es ein. Kreise die kleinen Anfangsbuchstaben ein.

betreffs	kraft
laut	zwecks

Der Präsident kann .... seines Amtes die Regierung entlassen.
Die Einfuhr von Tieren ist .... Gesetz verboten.
Die Reisenden wurden .... Feststellung der Personalien angehalten.
Ihrem Gesuch .... Verlängerung der Zahlungsfrist wird stattgegeben.

Andere Wortarten (Pronomen, Numerale, Konjunktion)

75

Setze die Wörter passend ein. Kreise den kleinen Anfangsbuchstaben ein.

ein paar (ein) bisschen falls teils – teils

Dieses .... Kuchen wirst du mir doch gönnen?
Ich gehe mit dir ins Theater, ... wir noch Karten bekommen.
Wir hatten .... Regen, ... Sonnenschein.
Ein .... Minuten kannst du wohl noch warten.

Ehemalige Substantive in zusammengesetzten Verben

der Teil – ich nehme teil

Ehemalige Substantive bilden oft den ersten Teil eines unfest zusammengesetzten Verbs., z. B. Teil *in dem Verb* teilnehmen.
Wenn die Teile des Verbs getrennt vorkommen, schreibt man das ehemalige Substantiv klein, z. B. ich nehme teil. Das sind besonders die Wörter

heim-	heimgehen, heimkommen
irre-	irreführen, irrewerden
preis-	preisgeben
stand-	standhalten
statt-	stattgeben, stattfinden
teil-	teilnehmen, teilhaben
wett-	wettmachen
wunder-	wundernehmen

76

Links findest du eine Liste von Verben im Infinitiv.
Rechts lückenhafte Sätze. Ergänze die fehlenden Verbteile.
Kreise die kleinen Anfangsbuchstaben ein.

preisgeben	Wir geben das Geheimnis auf keinen Fall ……..
teilnehmen	Nehmt ihr an dem Fest ……. ?
stattfinden	Die Feier findet bei jedem Wetter ……..
irreführen	Er führte die Polizei durch falsche Angaben ……. .
wettmachen	Sie macht ihre geringe Begabung durch besonderen Fleiß ……. .
wundernehmen	Es nimmt mich ……., dass du diesmal rechtzeitig gekommen bist.
standhalten	Der Damm hält allen Stürmen ……. .

77

Links findest du eine Liste von Verben im Infinitiv. Rechts lückenhafte Sätze. Ergänze die fehlenden Verben, sie stehen alle im 2. Partizip, z. B. wettmachen – wettgemacht. Kreise die kleinen Anfangsbuchstaben ein.

standhalten	Die Brücke hat sogar dem Erdbeben ....
stattgeben	Dem Gesuch wurde nicht ....
teilhaben	Unsere Großmutter hat an allen Freuden der Familie ....
wundernehmen	Es hat mich nicht im Geringsten ...., dass er die Verabredung vergessen hat.

78

heim-

In der linken Spalte findest du Verben. Mit diesen kannst du ein zusammengesetztes Verb mit heim- bilden. Setze diese dann passend in die Sätze der rechten Spalte ein.

bringen	Du kannst mit mir im Auto ....
fahren	Gott hat ihn nach langem Leiden ....
finden	Das habe ich ihm jetzt aber .... !
führen	Ist Thomas schon .... ?
gehen	Das Volk wurde von Krieg und Seuchen ....
holen	Wegen eines Todesfalles sind wir eine Woche früher ....
kehren	Kennst du den Weg? .... du alleine .... ?
reisen	Mein Großvater ist erst lange nach Kriegsende ....
suchen	Ich komme so spät, weil ich einen Blinden .... habe.
zahlen	Der Bauer hat noch vor dem Gewitter das Heu trocken ....

79

Ergänze die restlichen Wörter der Tabelle. Die einzusetzenden Formen schreibe getrennt und mit großem Anfangsbuchstaben.

Infinitiv	**1. Person Präsens**	**Partizip II**
Kegel schieben	ich schiebe Kegel	ich habe Kegel geschoben
Rad fahren	ich fahre Rad	....
Maschine schreiben	....	ich habe Maschine geschrieben
Rad schlagen	ich schlage Rad	....
....	....	ich habe Not gelitten
ich stehe Kopf	....	....
....	ich leiste Folge	ich habe Folge geleistet
Maß halten	....	ich habe Maß gehalten
....	ich lebe Diät	ich habe Diät gelebt
Eis laufen	....	....

IV. Substantivierungen

Wörter anderer Wortarten können in die Wortart Substantiv übergehen. Sie werden dann mit großem Anfangsbuchstaben geschrieben.
Man erkennt die Substantivierungen an ähnlichen Merkmalen wie die Substantive (siehe Übung 11, 12), z. B. am Artikel oder an einem Pronomen.

schweigen	sein Schweigen
blau	ein helles Blau
du	das Du anbieten
sechs	eine Sechs
jenseits	das Jenseits
aus	das Aus

Substantivierte Verben

Verben können als Substantiv gebraucht werden, aber im Allgemeinen nur im Infinitiv und im 2. Partizip. Die folgenden Übungen betreffen nur die substantivierten Infinitive.

80

Übertrage die Wörter, die in Großbuchstaben geschrieben sind, in Normalschreibung. Kreise den großen Anfangsbuchstaben ein. Unterstreiche das Wort, an dem du die Substantivierung erkennst.

Er hörte ein verdächtiges FLÜSTERN.
Ein SUMMEN erfüllte den Saal.
Es war ein ständiges KOMMEN und GEHEN.
Ihm ist das LACHEN vergangen.
Sie war dem WEINEN nahe.
Bis spät in die Nacht hinein hörte man das HÄMMERN und SÄGEN.
Das WANDERN ist des Müllers Lust.

Ist das RAUCHEN hier gestattet?
Er tat so, als hätte er das SPRECHEN verlernt.
Ihr macht das ARBEITEN mit Computer jeden Tag mehr Spaß.

81

Trage das Verb links richtig in den Satz ein. Kreise den großen Anfangsbuchstaben ein. Unterstreiche das Wort, an dem du die Substantivierung erkennst.

raunen	Ein .... ging durch die Menge.
lesen	Das .... macht ihr keine Schwierigkeiten mehr.
ausfüllen	Ich bin mit dem .... des Fragebogens schon lang fertig.
stechen	Ich spürte ein .... in der Herzgegend.
tosen	An das .... des Wildbachs müssen sich die Urlauber schon gewöhnen.
schwimmen	Das .... macht ihr am meisten Spaß.
rattern, lärmen	Das .... und .... vor unserem Fenster wird langsam unerträglich.
schweigen	Die Mitwisser haben endlich ihr .... gebrochen.
musizieren, fernsehen	Ihr gibt das .... mehr als das ....

82

Was ist hier verboten, was ist hier erlaubt, was ist hier vorgeschrieben?
Setze die fehlenden Verben ein, alle sind als Substantive gebraucht. Es kommen folgende Verben (auch mehrmals) vor:

abbiegen	einsteigen	halten
aussteigen	entladen	überholen
beladen	geradeaus fahren	überschreiten

Hier das .... verboten. Nur das .... und .... sowie das .... und .... sind erlaubt.

Hier das .... verboten. Nur das .... eines Traktors ist erlaubt.

Hier ist das .... nach links verboten, das .... nach rechts und das .... ist erlaubt.

Das .... der Geschwindigkeit von 70 km/h ist verboten.

Was verboten ist **83**

Schreibe Verbotsschilder auf: Das Rauchen im .... (Du kannst auch grafische Schilder entwerfen.)

im Wartezimmer zu rauchen

während der Fahrt die Tür zu öffnen

die Leitungen zu berühren

an dieser Stelle zu baden

vor dem Krankenhaus zu lärmen

Hunde mitzubringen

während der Schulstunde zu essen

in der Einfahrt zu parken

vom fahrenden Wagen abzuspringen

Substantivierungen eines Verbs und Bildung eines Substantivs (z. B. mit der Nachsilbe -ung) sind oft nebeneinander möglich. Beide Formen schreibt man groß.

84* .... Was nötig ist

Forme die Verben um, unterstreiche nach dem Beispiel:

den Straßenverkehr zu überwachen – das Überwachen des Straßenverkehrs – die Überwachung ....

den Verkehrslärm zu vermindern
die Verursacher von Umweltschäden zu bestrafen
die Abgase zu messen
die Müllmengen zu verringern
Sondermüll fachgerecht zu entsorgen

85 .... Was man hören kann

Schreibe auf:

Wir hörten das Ertönen der Glocke, das Schlagen .... –
Kreise den großen Anfangsbuchstaben ein.

Die Glocke ertönt.
Die Uhr schlägt.
Ein Ventil zischt.
Die Treppe knarrt.
Der Donner grollt.
Die Sirene heult.
Die Motoren dröhnen.
Der Brunnen plätschert.
Die Kreissäge kreischt.

86

Setze die Beispiele der vorhergehenden Übung sinngemäß in die Sätze ein.

Beispiel: Das .... der Glocke erinnert an den Beginn der Feier. – Das Ertönen der Glocke erinnert an den Beginn der Feier.

Das .... des Donners macht mir Angst vor Gewittern.
Das .... der Brunnen erinnert mich an den Urlaub in den Bergen.
Von der Werkstätte herüber hört man das .... der Kreissäge.
Das .... der Ventile im Maschinenraum erschreckte die Arbeiter.
Gleich nach dem .... der Sirene rückte die Feuerwehr aus.
Dieses .... der Treppe erinnert mich an eine Gespenstergeschichte.
Unter dem .... der Motoren starteten die Rennwagen.

87

Schreibe nun die Substantive der vorhergehenden Übung mit beim auf. Kreise den großen Anfangsbuchstaben ein.

beim Ertönen der Glocke
beim .... des Donners
beim ....

88

Was man sehen, fühlen, spüren kann

Forme die Sätze nach dem angegebenen Muster um. Kreise den großen Anfangsbuchstaben ein.

Der Wind weht. (spüren) – Wir spürten das Wehen des Windes.
Ihre Hand zitterte. (bemerken) – Ich bemerkte ....
Die Kämpfe hören auf. (hoffen auf)
Gas tritt aus. (riechen)
Ein Gewitter zieht auf. (sehen)
Die Blätter der Ölbäume flimmern. – Siehst du ....

89

Substantivierte Infinitive nach Pronomen

Schreibe das in Großbuchstaben geschriebene Wort in Normalschrift. Unterstreiche das Pronomen, kreise den großen Anfangsbuchstaben ein.

Sein ständiges SCHIMPFEN geht mir auf die Nerven.
Ich muss mich erst an ihr LACHEN gewöhnen.
Man beklagte sich schon über euer lautes MUSIZIEREN.
Ich war auf sein WÜTEN und TOBEN nicht gefasst.
Mein ERMAHNEN war völlig nutzlos.
Die Veranstalter dankten dem Künstler für sein KOMMEN.
Sein ZAUDERN lässt ihn die besten Möglichkeiten verpassen.
Für Ihr pünktliches ERSCHEINEN danken wir herzlich.

90

In den folgenden Sätzen ist ein Verb unterstrichen. Forme die Sätze so um, dass dieses Verb zum Substantiv wird. Kreise den großen Anfangsbuchstaben ein.
Beispiel: Es ist verboten, die Baustelle <u>zu betreten</u>. – <u>Das Betreten</u> der Baustelle ist verboten.

Es ist gefährlich, auf der Straße <u>zu spielen</u>. – Das ....
Es ist nicht ratsam, in diesem schmutzigen Fluss <u>zu baden</u>.
Es ist gefährlich, sich aus dem Fenster <u>hinauszulehnen</u>.
Es ist verboten, die Ausstellungsstücke <u>zu berühren</u>.
Es ist nicht gestattet, den Weg <u>zu befahren</u>.
Es ist verboten, die Gleise <u>zu überschreiten</u>.
Es ist sehr nützlich, schwierige Übungen <u>zu wiederholen</u>.
Es ist bei Strafe verboten, in der Maschinenhalle mit offenem Feuer <u>zu hantieren</u>.

Gliedsätze werden zu Substantivierungen **91**

Forme die Gliedsätze nach dem Muster um. Unterstreiche das substantivierte Verb.

Bevor man ein Zelt aufstellt, soll man einen sicheren Platz suchen. – Vor dem ....
Wenn du in den Bus einsteigst, musst du die Fahrkarte vorweisen. – Beim ....
Als der Star auf der Bühne erschien, tobte die Menge.
Bevor man das Gerät öffnet, muss man den Netzstecker ziehen.
Wenn du die Straße überquerst, musst du auf den Verkehr achten.
Als der Luftballon platzte, gab es einen lauten Knall.
Damit ihr euch den Text gut einprägt, könnt ihr ihn auf Tonband sprechen. – Zum ....
Obwohl ich genau aufgepasst habe, ist mir der Vogel entwischt.
Immer wenn ich telefoniere, hüpft mir die Katze auf die Schulter.

Infinitive nach Präposition

> *Infinitive nach Präpositionen gelten als Substantivierungen und werden daher mit großem Anfangsbuchstaben geschrieben.*

vom + Infinitiv **92**

Petra hat genug. – Wovon?
Setze nach dem angegeben Muster fort. Unterstreiche die Fügung vom + substantivierter Infinitiv, kreise den großen Anfangsbuchstaben ein.

schwimmen – Sie hat genug vom Schwimmen.
lernen
fernsehen
stricken
tanzen
reiten
klettern

93 zum + Infinitiv

Wozu brauchst du das?
Links stehen Werkzeuge, rechts Tätigkeiten. Schreibe die Sätze auf. Unterstreiche die Fügung zum + substantivierter Infinitiv, kreise den großen Anfangsbuchstaben ein.

Beispiel: die Bohrmaschine / bohren: Die Bohrmaschine brauche ich zum Bohren.

der Pflug	ackern
der Staubsauger	staubsaugen
die Wolle	stricken
die Schere	basteln
die Lampe	lesen

94 Was ist das?

Schreibe kurze Erklärungen mit zum auf.
Links findest du Dinge, die du erklären sollst. Rechts findest du kurze Angaben, die du zur Erklärung verwenden kannst. Suche aus der Liste eine passende aus.

Beispiel:
Boxhandschuhe boxen
Boxhandschuhe sind Handschuhe zum Boxen.

Wanderschuh	(in einem Buch nachschlagen)
Lexikon	(schnell kleben)
Mikroskop	(Töne durch Lautsprecher oder auf Tonband übertragen)
Schlittschuhe	(Speisen in sehr kurzer Zeit auftauen und garen)
Schulbuch	(Bilder anschauen)
Mikrofon	(mit dem Buch lernen)
Kontaktkleber	(sehr kleine Dinge betrachten)
Bilderbuch	(wandern und bergsteigen)
Mikrowellenherd	(Eis laufen)

zu/zum (Kontrastübung) 95

Die Präposition zum (zu dem) darf nicht verwechselt werden mit dem Wort zu beim Infinitiv. Der normale Infinitiv (nach zu) wird kleingeschrieben, der substantivierte Infinitiv (nach zum) wird großgeschrieben.

Ich habe mir vorgenommen täglich <u>zu</u> turnen. – zu mit Infinitiv
Das ist ein Gerät zum <u>Turnen</u>. – Präposition zu (zum)

Übertrage die in Großbuchstaben geschriebenen Wörter in Normalschrift. Achte auf die Groß- oder Kleinschreibung der Anfangsbuchstaben.

Gibt es hier eine deutsche Zeitung zu KAUFEN?
Er bekam vom Arzt Tropfen zum EINNEHMEN.
Zu diesem Punkt hat er nichts zu VERMERKEN.
Ich brauche eine Münze zum TELEFONIEREN.
Zum RUDERN gehört viel Kraft.
Wir lassen uns nicht zweimal zum ESSEN auffordern.
Du hast keinen Grund, dich zu BEKLAGEN.
Zum GIESSEN der Blumen verwendet sie nur Regenwasser.
Hast du etwas zu TRINKEN?
Alle halfen mit die Flüchtlinge zu VERSORGEN.

Es ist manchmal nicht einfach zu unterscheiden, ob ein Infinitiv als Verbform oder als Substantivierung anzusehen ist. Wir üben nochmals solche Fügungen, weil sie häufig vorkommen.

96*

Folgende Verben kommen in den festen Fügungen unten vor. Setze sie ein. Kreise die großen Anfangsbuchstaben ein.

anraten
ermessen
betreiben
gehen
stocken
biegen, brechen
verhungern

auf .... des Arztes
auf .... der Elternvertretung
auf .... und ....
nach eigenem ....
sich zum .... anschicken
ins .... geraten
am .... sein

97*

Folgende Verben kommen in den festen Fügungen unten vor. Setze sie ein. (Hinweise dazu findest du in Klammern.) Kreise die großen Anfangsbuchstaben ein.

belieben
schaden
ersuchen
schwinden
zögern
erwarten
verderben
zutun

ganz nach Ihrem	(Ganz wie Sie wollen!)
auf .... der Behörden	(Die Behörden ersuchen darum.)
wider	(Das habe ich nicht erwartet.)
zu .... kommen	(Das hat für ihn einen großen Schaden bedeutet.)
im .... begriffen sein	(Es begann bereits schwächer, kleiner zu werden.)
ins .... stürzen	(Es hat sie in großes Elend gebracht.)
ohne	(Er zaudert nicht.)
ohne	(Er trägt nichts dazu bei.)

Substantivierte Verben im Satz

***98**

Forme die Sätze so um, dass das Verb substantiviert wird. Dadurch ändern sich auch andere Satzteile.

Beispiel:
Mit diesem Gerät kann man Flaschen und Dosen öffnen. – Dieses Gerät dient zum Öffnen von Flaschen und Dosen.

Ich hörte die Bremsen quietschen. – Ich hörte das ....
Lange Briefe zu schreiben ist nicht seine Stärke. – Das ....
Ich ließ den Wagen waschen und polieren. Das ist die Rechnung für ....
Seine Aufgabe ist es, den Garten zu betreuen.
Es macht ihr keine Schwierigkeit, fremdsprachige Briefe zu beantworten. – Das .... fremdsprachiger Briefe ....
Es werden Freiwillige benötigt, die Flugblätter verteilen. Es werden Freiwillige für ....

Substantivierte Fügungen

> *Fügungen aus Substantiv und Verb, die im Infinitiv getrennt geschrieben werden, werden beim substantivischen Gebrauch groß- und zusammengeschrieben.*
>
> Blut spenden – das Blutspenden

99 **beim + Infinitiv**

Michael hat sich verletzt – wobei? Setze nach dem angegeben Muster fort. Unterstreiche die Fügung beim + substantivierter Infinitiv, kreise den großen Anfangsbuchstaben ein.

Rad fahren – Er hat sich beim Radfahren verletzt.
Beeren suchen
Florett fechten
Moped fahren
Handball spielen

100

Setze die Ausdrücke passend in die Sätze unten ein. Unterstreiche den substantivierten Infinitiv, kreise den großen Anfangsbuchstaben ein.

Auto fahren
Zigarren rauchen
Klavier spielen
Walzer tanzen
Tennis spielen
Polka tanzen
Fußball spielen
Spießruten laufen
Disziplin halten
Schlange stehen
Blutdruck messen
Rätsel raten

Bei dem heutigen Verkehr ist das .... kein Vergnügen mehr.
Das .... erfordert viel Zeit zum Üben.
Am meisten stört mich das .... vor der Kasse.
Der Weg durch die Zuschauerreihen war ein einziges ....

Er findet das .... weniger schädlich als das Zigarettenrauchen.
Er hat sich beim .... eine Sehne gezerrt.
Das .... fällt manchem Schulanfänger noch sehr schwer.
In ihrer Jugend, als sie Bälle besuchte, hat sie das .... gelernt.
Nach seiner Krankheit hat er sich ein Gerät zum .... angeschafft.
Für die Kinder der Wohnsiedlung wurde ein Platz zum .... angelegt.
In einem Volkstanzkurs hat sie das .... gelernt.
Weil das .... ihr liebster Zeitvertreib ist, haben wir ihr ein Rätselbuch geschenkt.

101

Auch Fügungen unterschiedlicher Art werden, wenn sie als Substantiv gebraucht sind, mit großem Anfangsbuchstaben und zusammengeschrieben. Es spielt dabei keine Rolle, ob sie im Infinitiv zusammen- oder getrennt geschrieben werden.

aufrecht gehen – das Aufrechtgehen

Forme die Verben zu Substantiven um und setze sie passend ein.

abhanden kommen – das ....
Recht haben
Unrecht tun
vorhanden sein
verrückt werden
schlafen gehen

Das .... dieser Schriftstücke ist sehr verdächtig.
Das .... einer Tonanlage erleichtert die Veranstaltung des Konzerts.
Sein dauerndes .... macht ihn in der Klasse unbeliebt.
Vor dem .... sehe ich mir die Abendnachrichten im Fernsehen an.
Durch .... wird kein anderes Unrecht beseitigt.
Das ist zum .... !

102

In einigen Fällen kann man einen Teil einer Wortgruppe zusammen- oder getrennt schreiben, z. B. infrage und in Frage. In diesem Fall geht man in der Regel von der zusammengeschriebenen Form aus und schreibt auch das Substantiv zusammen.

Forme die Wortgruppen zu einem Substantiv um.

Beispiel:
in Frage stellen / infrage stellen – das Infragestellen

außerstande sein / außer Stande sein – das ....
zutage treten / zu Tage treten – das ....
instand halten / in Stand halten – das ....
zustande bringen / zu Stande bringen – das ....

103

Forme die Verben mit sich zu Substantiven um, z. B.
sich gehen lassen – das Sichgehenlassen
Setze sie dann passend ein.

sich aussprechen:	Ein .... wäre für viele Menschen heilsam.
sich abmühen:	Ein weiteres .... hat hier gar keinen Sinn.
sich beschweren:	Ein .... ist in diesem Fall aussichtslos.
sich verletzen:	Ein .... ist bei diesem Gerät undenkbar.
sich vornehmen:	Der Plan sollte schon weiter reichen als zu einem bloßen ....

*104

Längere Fügungen werden durch Bindestriche durchgekoppelt. Dabei schreibt man das erste Wort groß, außerdem den substantivierten Infinitiv und alle Substantive.

Wir werden unseren Lehrer in den April schicken.
Das In-den-April-Schicken ist ein alter Brauch.
In ist groß, weil es das erste Wort der Fügung ist;
April, weil es Substantiv ist;
Schicken, weil es der substantivierte Infinitiv ist.

In den folgenden Sätzen steht eine längere Fügung in Klammern. Forme diese Fügung zu einem Substantiv so um, dass sie in den Satz passt.

Ihm als aktiven Menschen liegt dieses (in den Tag hinein leben) nicht.
Das (von der Hand in den Mund leben) kennt er von Jugend an.
Es ist zum (aus der Haut fahren)!
Dein (auf die lange Bank schieben) wird dich noch teuer zu stehen kommen.
Für sein (an den Haaren herbeiziehen) von Problemen ist er berüchtigt.

Mit ihrem (in Verzückung geraten) wirkt sie langsam lächerlich.
Der Kapitän hat das (vor Anker gehen) des Schiffes im Heimathafen nicht mehr erlebt.
Ein (sich aussprechen können) war in seinem Elternhaus nicht möglich.
Erst das (sich verstanden fühlen) schafft das Vertrauen für ein Gespräch.
Ein besonderes (sich in Acht nehmen) ist bei diesen Leuten wirklich unbegründet.

Andere substantivierte Verbformen

Verben werden im Allgemeinen nur als Infinitive oder 2. Partizipien substantiviert. Andere Verbformen kommen nur in ganz bestimmten Beispielen vor.

105

Trage die Wörter passend in die Sätze ein.

das Lebehoch
der Habenichts
der Tunichtgut
das Vergissmeinnicht
das Soll
das Muss

Die Aufforderung, Krawatte zu tragen, ist kein absolutes ....
Das .... galt dem Jubilar.
Diesen .... will sie nicht als Schwiegersohn akzeptieren.
Mit einem Strauß .... marschierten die Kinder zur Gratulation.
Das .... wurde nur von wenigen erfüllt.
Dieser .... fährt ständig mit seinem lauten Moped durch die Straße!

Adjektive und Partizipien

106

Forme die Ausdrücke zu einem substantivierten Adjektiv um. – Unterstreiche, woran man den Gebrauch als Substantiv erkennt.

Die neue Schülerin kommt aus Frankreich. – Die Neue kommt aus Frankreich.
Die jungen Leute können das nicht verstehen. – Die ....
Die ehrlichen Menschen sind oft die Dummen. – ....
Der alte Mann arbeitet noch täglich im Garten. – ....
Ein betrunkener Mann torkelte aus der Schenke. Ein ....
die kluge Frau – die ....
eine blinde Frau
die schönen Mädchen
ein reicher Mensch
die neueste Nachricht – das ....

*107

Forme die Gliedsätze zu substantivierten Adjektiven um.

Beispiel:
Wer verletzt ist, wird ins Krankenhaus gebracht. –
Die Verletzten werden ins Krankenhaus gebracht.

Was gefährlich ist, vermeide ich lieber.
Was faul ist, wird weggeschnitten.
Wer fröhlich ist, ist bei anderen Leuten gern gesehen.
Wer müde ist, soll zu Bett gehen.
Wer besonnen ist, stürzt sich nicht in ein solches Abenteuer.
Was preiswert ist, ist nicht immer das Beste.
Was verboten ist, ist für viele am interessantesten.
Wer übergewichtig ist, soll sich mehr Bewegung verschaffen.
Alles was für die Radtour nötig ist, nehmen wir mit.
Alles was ihm irgendwie brauchbar erschien, nahm er mit nach Hause.

108

Sprichwörter enthalten oft ein substantiviertes Adjektiv. Vervollständige sie mit den angegebenen Adjektiven.

blind
einäugig
faul
glücklich
klüger
mutig
tüchtig

Dem .... gehört die Welt.
Am Abend wird der .... fleißig.
Der .... gibt nach.
Dem .... schlägt keine Stunde.
Unter den .... ist der .... König.
Freie Bahn dem ....

Redewendungen und Wortpaare

109*

Welche Bedeutung passt zu welcher Redewendung? Ziehe die Linien. Unterstreiche das Adjektiv mit der Präposition und dem Artikel. Kreise den großen Anfangsbuchstaben ein.

beim Alten lassen	Vorteile aus einer unklaren Lage ziehen
im Argen liegen	noch keine Informationen haben
zum Besten halten	nicht verändern
im Dunkeln tappen	in Unordnung sein
auf das Gleiche herauskommen	der Unterlegene sein
sich im Klaren sein	zum Narren halten
den Kürzeren ziehen	dasselbe Ergebnis haben

auf dem Trockenen sitzen	sich in schlechter Lage befinden
im Trüben fischen	genau wissen, kennen
nicht zum Besten stehen	in Verlegenheit sein

110

Paare von ungebeugten Adjektiven kommen oft in festen Fügungen vor. Diese haben oft eine selbstständige Bedeutung.

Alt und Jung, Jung und Alt
Hoch und Niedrig
Groß und Klein
Gleich und Gleich
Arm und Reich

In den Sätzen fehlen Redewendungen aus dem Rahmen. Setze sie ein.

Am Sonntag versammelte sich .... gemeinsam in der Kirche.
Er ist beliebt bei ....
.... gesellt sich gern.
Bei unserem Schulfest gab es für .... lustige Spiele.
Die Pest traf .... in gleicher Weise.

*111

Substantivierte Adjektive und Partizipien schreibt man auch in festen Redewendungen mit großem Anfangsbuchstaben, z. B. etwas ins Lächerliche ziehen.

Unterstreiche in der Redewendung (linke Spalte) das substantivierte Adjektiv, kreise den großen Anfangsbuchstaben ein. Ordne dann die Redewendungen der richtigen Bedeutung zu. (Ziehe Linien.)

Es ist immer das Gleiche.	das schlimmstmögliche Ende befürchten
das Weite suchen	so gut machen, wie man es kann
eine Fahrt ins Ungewisse	Diese Vorgangsweise ist schon bekannt.
aus dem Gröbsten heraus sein	einen glücklichen Ausgang herbeiführen
sein Bestes geben	sich eilig entfernen
das Ärgste befürchten	eine Fahrt ohne sicheres Ziel
ins Leere starren	das Schlimmste überstanden haben
etwas zum Guten lenken	starr ohne bestimmtes Ziel blicken
Im Dunkeln ist gut munkeln	an seit alters Überliefertem festhalten
am Alten hängen	Im Schutz der Dunkelheit kann man leicht intrigieren.

112

Setze das passende Adjektiv (als Substantiv gebraucht) ein. Unterstreiche, woran man den Gebrauch als Substantiv erkennt .

älteste	gut	beste	lieb	graziös
linke	groß	teuerste	großzügig	verstört

Die ganze Sache hat auch ihr ....
Mich fasziniert dieses .... an ihren Bewegungen.
Unser .... konnte wegen einer Verletzung nicht starten.
Die Aufständischen ballten ihre .... zur Faust.
Unsere .... interessiert sich sehr für Biologie.
Seit der Auswanderung hat er seine .... nicht wieder gesehen.
Dieses .... an seinem Blick beunruhigt mich.
Mich fasziniert dieses .... an dem Bauwerk.
Du wolltest mich offenbar hineinlegen, mein ....
Euer .... kümmert sich sehr um die jüngeren Geschwister.

113

Einige häufig vorkommende Sätze (Substantive ohne Präposition)
Setze das links angegebene Wort im Satz (als Substantiv gebraucht) ein.

angestellt	Die .... der Firma sollen besser geschult werden.
bisherig	Ich möchte das .... zusammenfassen.
oben erwähnt	Das oben .... gilt auch für alle anderen Fälle.
gefangen	Die .... wurden in einem Lager untergebracht.
geliebt	Das Gemälde zeigt die .... des Fürsten.
näher	Das .... wird sich finden.
schwer	Sie hat in all den Jahren sehr .... erlebt.
umstehend	Die .... bemühten sich um die Verletzten.
vorig	Könnten Sie das .... nochmals wiederholen?
verwandt	Alle seine .... sind bereits verstorben.
weiter	In den nächsten Tagen folgt ....

114

Häufig vorkommende Sätze (Substantiv mit Präposition)

früh	Wir traten in aller .... die Reise an.
getan	Wir können auf das .... stolz sein.
nachfolgend	Wir haben über das .... bereits gesprochen.
gleich	Du sollst nicht .... mit .... vergelten.

115*

Artikel und substantiviertes Wort können getrennt stehen.

In den Sätzen steht ein Wort in Klammern. Bringe es in die richtige substantivierte Form. Unterstreiche den Artikel und das substantivierte Wort. Kreise den großen Anfangsbuchstaben ein.

Sie liebt das unendlich (weit) dieser Marschlandschaft.
Das höchst (eigenartig) an der Sache war, dass niemand informiert wurde.
Das über die Maßen (tragisch) an der Angelegenheit ist, dass er auch nicht mehr in die Heimat zurückkann.
Das von uns so lang (ersehnt) wurde doch noch Wirklichkeit.
Die Zahl der im Straßenverkehr (verunglückt) ist auch in diesem Jahr wieder gestiegen.
Die auf diese Weise (eingeschüchterte) wagte nicht mehr zu widersprechen.
Das von uns schon lange (behauptet) hat sich als wahr erwiesen.
Wir werden das in unserer Macht (stehend) tun, um Ihnen zu Ihrem Recht zu verhelfen.

Adjektive und Partizipien nach Präpositionen

116*

Die folgenden Ausdrücke mit substantivierten Adjektiven sind passend in den Sätzen einzusetzen. Unterstreiche dann in deinem neuen Satz die gesamte Fügung.

bis ins Unendliche	im Stillen
im Verborgenen	im Wesentlichen

Seine dunklen Geschäfte konnten nicht .... bleiben.
Sie redeten über dieses Problem ....
Sie sagte zwar nichts, aber im .... dachte sie ihr Teil.
Somit hätten wir dieses Kapitel .... abgeschlossen.

117

Alle vier Fügungen bedeuten so viel wie „sehr", „sehr genau", „sehr viel". Setze sie in die Sätze passend ein.

bis zum Äußersten
um ein Bedeutendes
bis ins Kleinste
um ein Beträchtliches

Sie war (sehr) erregt und konnte kaum sprechen.
Auf der neuen Bahnlinie fährt man (sehr viel) schneller als mit dem Auto.
Die Lebenshaltungskosten sind (sehr) gestiegen.
Sie hat die Reise (sehr genau) geplant.

118

Vervollständige die festen Verbindungen, indem du das in Klammern angegebene Adjektiv oder Partizip in der richtigen Form einsetzt. Beachte die Schreibung mit großem Anfangsbuchstaben.

Beispiel: um ein .... (beträchtlich) – um ein Beträchtliches

bis ins .... (einzeln)
im .... (geheim)
im .... (wesentlich)
aufs .... (neu)
im .... (still)
im .... (bisherig)
im .... (einzeln)
im .... (besonder)
im .... (ganz)

119

In den Sätzen unten findest du Wörter in Klammern. Setze dafür eine der folgenden festen Fügungen ein. Achte auf den großen Anfangsbuchstaben.

im Obigen
im Einzelnen
im Allgemeinen
bis ins Einzelne
im Ganzen

Das ist bereits (weiter oben) dargelegt worden.
In dieser Straße gibt es (meistens, gewöhnlich) wenig Unfälle.
Der Zeuge hat die Vorfälle (genau) geschildert.
(Genauer) kann ich jetzt nicht darauf eingehen.
Er war (insgesamt) dreimal hier.

120 **folgend**

Setze die Ausdrücke in die Sätze unten (statt der Wörter in Klammern) ein.

alle Folgenden
im Folgenden
mit Folgendem
Folgendes

Wir möchten Ihnen (dieses) mitteilen:
(Alle Weiteren) werden nicht mehr abgefertigt.
(Hiermit) teilen wir Ihnen mit, dass …
(Weiter unten) werden die Gründe für diese Maßnahme angeführt.

121

Übertrage die in Großbuchstaben geschriebenen Wörter in Normalschrift.

Im GANZEN gesehen war das Unternehmen ein Erfolg.
Im GEHEIMEN wünschte sie, sie wäre zu Hause geblieben.
Auch die neue Direktion hielt sich im WESENTLICHEN an die früheren Vereinbarungen.

Achtung! Ausnahme!
Es gibt eine Reihe von festen Verbindungen von Präpositionen und Adjektiven ohne Artikel. In diesen wird das Adjektiv kleingeschrieben, obwohl eine Präposition vorausgeht. Aber es fehlt eben der Artikel.

vor kurzem	seit langem
von neuem	bis auf weiteres
von fern	von klein auf
gegen bar	

122

Setze die Fügungen aus dem Rahmen passend in die Sätze ein.

Die beiden haben erst .... geheiratet.
Man hörte .... das Läuten der Kuhglocken.
Der Vertrag wird .... verlängert.
Schon .... hat sie sich für das Klavierspiel begeistert.
Die Ware wird nur .... geliefert.
Der Termin steht schon .... fest.
Der Minister bekräftigte .... seine Bereitschaft zur Reform.

123 weit

Setze die fehlenden Verbindungen ein. Sie sind im Rahmen mit einer Bedeutungsangabe angeführt.

bei weitem (weitaus)
bei weitem nicht (längst nicht)
von weitem (aus weiter Entfernung)
ohne weiteres (ohne weitere Schwierigkeiten)

Das ist .... möglich.
Schon .... sind die Atommeiler zu sehen.
Das ist noch .... nicht alles, was es bei uns zu sehen gibt.
In Informatik ist er .... der Beste.

Adjektive nach unbestimmten Pronomen

Adjektive und Partizipien nach Wörtern wie alles, etwas, genug, nichts, viel, wenig *usw. schreibt man mit großem Anfangsbuchstaben.*

124

Forme die Ausdrücke so um, dass das Adjektiv in Klammern substantivisch gebraucht wird. Beispiel: alles (schlecht) – alles Schlechte. Kreise den großen Anfangsbuchstaben ein.

nichts (besondere)
alles (schön)
etwas (gebräuchlich)
wenig (erfreulich)
viel (neu)
manches (überflüssig)
mancherlei (wissenswert)

etwas (gut)
wenig (interessant)
nichts (überragend)
etwas (ähnlich)
alles (essbar)
genug (falsch)
nichts (wichtig)

125

In der Liste findest du Adjektive, die du in den Sätzen unten passend einfügen kannst, allerdings substantivisch gebraucht. Kreise den großen Anfangsbuchstaben ein.

ansteckend	gemäßigt	leichter
geistreich	gesagt	lesenswert
geheimnisvoll	grausam	neu

Sie fand in der Bibliothek nichts ....
Wir haben in diesem Krieg genug .... gesehen.
Er war von vornherein gegen alles ....
Bei der ganzen Blödelei kam nichts .... heraus.
Alles .... muss geheim bleiben.
Thomas ist krank und muss im Bett bleiben, aber es ist nichts ....
Kannst du mich etwas .... fragen?
In seine Geschichten verpackte er gern allerlei ....
Steht etwas .... in der Zeitung?

*126

Sätze-Puzzle

In der linken Spalte stehen unbestimmte Pronomen, in der mittleren Adjektive, in der rechten Spalte lückenhafte Sätze. Baue aus den Bestandteilen der drei Spalten sinnvolle Sätze, sodass alle Wörter verwendet werden.

alles	belastend	Zu deinem Geburtstag wünsche ich dir ....
alles	brauchbar	Sie konnte in dem Geschäft .... finden
etwas	gut	So .... hättest du nicht kaufen sollen.
manches	interessant	Im ganzen Haus war .... zu finden.
nichts	passend	Er konnte in dem Laden .... finden.

nichts	teuer	In ihrer Arbeit im Krankenhaus hat sie .... erlebt.
viel	traurig	Die Führerin hat uns .. .. gezeigt.
wenig	essbar	So schob .... von sich.

127*

Ersetze den Gliedsatz durch ein unbestimmtes Pronomen mit Adjektiv.
Beispiel: Im Abenteuerurlaub mussten wir auf alles verzichten, was wir gewohnt waren. – Im Abenteuerurlaub mussten wir auf alles Gewohnte verzichten.

Es gibt kaum etwas, was für die Umwelt schädlicher wäre, als die Autoabgase.
Ich möchte dir unter vier Augen etwas sagen, was für dich sehr wichtig ist.
Um das Haus zu bauen, mussten sie vieles in Kauf nehmen, was für sie sehr mühsam war.
Er hat in seinem Leben nichts zuwege gebracht, was man als groß bezeichnen könnte.
Die Touristen haben nichts erlebt, was für sie aufregender gewesen wäre als der Stierkampf.
Es gibt für die Menschheit wohl nichts, was furchtbarer ist als ein Großunglück in einem Atomkraftwerk.
Wir mussten bei der Kontrolle allerlei bemerken, was unrecht ist.

Beachte besonders, dass zwischen unbestimmtem Pronomen und Adjektiv noch andere Wörter stehen können. Man vergisst in solchen Fällen oft die Großschreibung des Adjektivs.

128

In der linken Spalte findest du ein unbestimmtes Pronomen und ein Adjektiv. In der rechten Spalte ein Wort oder einen weiteren Ausdruck. Füge zwischen den beiden Wörtern der linken Spalte einen passenden Ausdruck von rechts ein.

Beispiel:
allerlei Erstandenes / im Schlussverkauf. – allerlei im Schlussverkauf Erstandenes.
Unterstreiche das Pronomen, kreise den großen Anfangsbuchstaben ein.

alles Gute	für unsere Reise
alles Nötige	wirklich
wenig Wichtiges	besonders
nichts Sehenswertes	sehr
alles Unentbehrliche	erdenklich
genug Erreichtes	weniger
etwas Verschobenes	in seinem Beruf
allerlei Erstaunliches	unbedingt
manches Wichtige	immer wieder

129

Setze nun die Ausdrücke von Übung 128 passend in die Sätze ein.

Ich wünsche dir ....
Wir liefern Ihnen vorerst ....
In der Sitzung wurde .... besprochen.
In der Ausstellung fand ich ....
In dieser Tasche findet sich ....

Für seine Bewerbung kann er .... vorweisen.
Es musste .... vorgezogen werden.
Von der Reise konnte er .... berichten.
Aus Zeitmangel wurde manches .... verschoben.

Substantivierungen ohne Artikel oder Pronomen

130

Schreibe das in Großbuchstaben geschriebene Wort in Normalschrift. Kreise den großen Anfangsbuchstaben ein.

Für ABSURDES ist er immer zu haben.
Wir hatten noch WICHTIGES zu besprechen.
Man muss immer mit UNVORHERGESEHENEM rechnen.
Für KULTURELLES zeigt er kein Interesse.
Sie isst lieber GEGRILLTES als GEBRATENES.
Das nur mündlich VEREINBARTE kannst du schwer beweisen.
In der Praxis GELERNTES vergisst man nicht.
Heute sind ARBEITSLOSE über 50 schwer zu vermitteln.

131

Mache dieselbe Übung mit den folgenden Doppelformen.

Sie setzte sich für ARME und KRANKE ein.
In unserer Siedlung bilden ALTE und JUNGE eine Gemeinschaft.
Damals galten ARME und REICHE als vor Gott gleich.
Bei GROSSEN und KLEINEN herrschte dieselbe freudige Aufregung.
Es konnten SCHULDIGE und UNSCHULDIGE nicht mehr unterschieden werden.
Sie können von uns MÖGLICHES und UNMÖGLICHES verlangen.

Farbbezeichnungen

Farben werden gewöhnlich durch Adjektive benannt. Adjektive schreibt man mit kleinem Anfangsbuchstaben: eine weiße Fläche, der Untergrund schimmert weiß durch. Farbbezeichnungen können auch als Substantive gebraucht werden. Man schreibt sie dann mit großem Anfangsbuchstaben.
der blaue Himmel – das Blau des Himmels

132

Forme das Adjektiv, das die Farbe angibt, zu einem Substantiv um.

Beispiel:
Die Tapete ist grün. – das Grün der Tapete

Seine Wangen sind rot. – ....
Ihre Haut ist braun.
Ihr Kleid ist lila.
Die Tinte ist rot.
Die Blüte ist leuchtend gelb. – das leuchtende ....
Der Vorhang ist tiefschwarz.
Das Auto ist glänzend weiß.
Ihre Kleidung ist modisch grün.

133

Füge die in Klammern stehende Farbe in einer substantivierten Form ein.

Dieses (blau) erinnert mich an die Adria.
Die vorherrschende Farbe ist ein schmutziges (gelb).
Das (ziegelrot) der Häuser ist typisch für diese Gegend.
Das Zimmer ist in (hellblau) gehalten.
Das (braun) auf dem Bild soll ein Pferd sein.
Ist das (weiß), das dort am Horizont auftaucht, ein Segelboot?

Das (beige) ihrer Handtasche passt nicht zum entsetzlichen (grasgrün) ihres Kleides.
Seine Vorliebe für (marineblau) ist bekannt.
Die Fahne hat die Farben (blau) und (weiß).
Die Farbe des Bildes spielt ins (blaugrau) hinein.

134

Löse die zweiteiligen Farbenbezeichnungen in die Teile Adjektiv und Substantiv auf. Der zweite Teil wird dabei substantiviert.

Beispiel:
tiefschwarze Nacht – das tiefe Schwarz der Nacht.
Unterstreiche den großen Anfangsbuchstaben.

tiefschwarze Nacht
schmutzig graues Wasser
leuchtend rote Abendsonne
saftig grüne Wiesen
blassblauer Himmel
hellgrüne Blätter
dunkelrote Rosen
blendend weißes Licht

135

Die Erklärungen in Klammern stehen für substantivierte Farbbezeichnungen. Setze sie statt der Klammerausdrücke ein. Kreise die großen Anfangsbuchstaben ein.

Beispiel:
Trinken wir noch ein Glas vom (Rotwein)? – Trinken wir noch ein Glas vom Roten?

Sie legte etwas (rote Schminke) auf.
Die Verkehrsampel steht auf (grünes Licht).
Bei (gelbes Licht) musst du anhalten.
Wir machen eine Fahrt ins (Ungewisse).
Ich habe nur noch eine Maschine (Buntwäsche), dann ist alles gewaschen.
Wir freuten uns zu Ostern über das erste (die ersten Frühlingspfanzen).

Die (eine sozialdemokratische Partei) haben die Wahl gewonnen.
Wegen des Begräbnisses ging sie in (Trauerkleidung).

Sprachbezeichnungen

Sprachbezeichnungen können Adjektive oder Substantive sein. Als Adjektive kann man sie meist mit „wie?" erfragen, als Substantive mit „was?"

Sie drückt sich gut englisch aus. – Wie drückt sie sich aus?
Sie spricht gut Englisch. – Was spricht sie?

***136**

Begründe in den folgenden Sätzen die Schreibung mit großen oder kleinen Anfangsbuchstaben, indem du (sofern es möglich ist) die Frage (wie? bzw. was?) dazuschreibst.

Seinen Namen spricht man französisch so aus. – wie?
Er antwortet in einem gebrochenen Englisch.
Ihr Italienisch ist noch sehr lückenhaft.
Die Gebrauchsanweisung ist in deutscher und in englischer Sprache abgefasst.
Ich verstehe weder Tschechisch noch eine andere slawische Sprache.
Den Namen Lehár betont man ungarisch auf der ersten Silbe.
Auch Russisch und Chinesisch sind Konferenzsprachen.
Ihr mündliches Spanisch wird allgemein bewundert.
Sie hat den Roman in Französisch gelesen.
Sie spricht kein Wort Deutsch.

Die Schreibung der Sprachbezeichnungen ist auch durch die Ersatzprobe erkennbar. Als Adjektive lassen sie sich durch ein anderes Adjektiv ersetzen, als Substantive durch ein anderes Substantiv.

Beispiele:

Sie versteht kein Wort Sie versteht kein Wort	Französisch. dieser Sprache. ↓ Substantiv	
Er verständigte sich in gebrochenem Er verständigte sich mit seinen geringen	Englisch. Kenntnissen. ↓ Substantiv	
Sie liest ein	schwieriges französisches ↓ Adjektiv	Gedicht.
Diesen Namen musst du	deutlich laut französisch ↓ Adjektiv	aussprechen.

137*

Mache die Ersatzprobe zu den Beispielen der Übung 136 und schreibe Adjektiv oder Substantiv dazu.

138

Übertrage die in Großbuchstaben geschriebenen Wörter in Normalschreibung. Kreise den kleinen Anfangsbuchstaben ein. – Welche Fragen sind in den Beispielen möglich?

die DEUTSCHE Sprache
einen Namen DEUTSCH aussprechen
sich ITALIENISCH unterhalten
eine DÄNISCHE Übersetzung
der Brief ist FRANZÖSISCH geschrieben

Kontrastübung *139

Beantworte die Fragen schriftlich. Die Sprachen, die in der Antwort verwendet werden sollen, stehen in Kleinbuchstaben in Klammern.

Wie habt ihr euch unterhalten? (griechisch)
Wie sagt er es? (deutsch)
Wie ist das Schreiben abgefasst? (englisch)
Was habt ihr morgen in der ersten Unterrichtseinheit? (französisch)
Was lernt er in der Volkshochschule? (russisch)
Was kann er? (portugiesisch)
Wie spricht er? (bayrisch)
Was unterrichtet sie? (japanisch)
Was spricht sie nicht? (slowenisch und kroatisch)

140 Feste Fügungen und Redewendungen

Welche Bedeutung gehört zu welcher Wendung?
Ziehe die Linien. Unterstreiche die Sprachbezeichnungen, kreise die kleinen Anfangsbuchstaben ein.

eine spanische Wand	die Rachitis
mit jemandem deutsch reden	Ihm kommt das seltsam vor.
die englische Krankheit	jemandem offen die Meinung sagen
Ihm kommt das spanisch vor.	im Gefängnis
hinter schwedischen Gardinen	ein Paravent, ein Wandschirm

141

Sprachbezeichnungen mit auf sind Substantivierungen und werden daher großgeschrieben, z. B. auf Chinesisch.
Forme die ersten drei Beispiele von Übung 139 zu einem Ausdruck mit auf um.

Superlative

Der Superlativ (die Meiststufe) ist eine Vergleichsform des Adjektivs, z. B. größte, schönste, am glücklichsten. Die Superlative, die mit Artikel oder Präposition verbunden sind, schreibt man mit großem Anfangsbuchstaben.
Am zur Kennzeichnung des Superlativs (am schönsten) ist nicht zu verwechseln mit der Präposition am (am Boden). Das Wort am in am schönsten gehört zur Beugung und ist nicht durch an dem auflösbar.

142

Forme die Sätze um, indem du das Adjektiv durch am + Superlativ ersetzt.

Beispiel:
Thomas ist sehr geschickt. – Am geschicktesten ist Thomas.
Beachte den kleinen Anfangsbuchstaben beim Superlativ.

Als wir in den Hafen einfuhren, war es sehr interessant. – Am ....
In den Ferien schlafe ich sehr lange.
In der Bucht war der Wind sehr schwach.
Katja ist sehr schnell gelaufen.
Eine gute Zeitung ist für mich sehr wichtig.
Diese Sendung ist bei Kindern sehr beliebt.

143

Forme die Sätze nach dem Muster so um, dass ein substantivierter Superlativ vorkommt.

Beispiel:
Was ich darüber gelesen habe, war sehr aufregend. – Es war das Aufregendste, was ich jemals darüber gelesen habe.
Unterstreiche die Wörter *das, was* und den Superlativ.

Was wir im Kino gesehen haben, war sehr lustig. – Es war das ....
Was ich damals durchgemacht habe, war sehr schrecklich.
Was ich damals gefunden habe, war sehr wertvoll.
Was ich damals erlebt habe, war für mich sehr lehrreich.
Was wir damals gegessen haben, war sehr gut.
Was wir von ihm an Witzen gehört haben, war sehr köstlich.
Was er bei dieser Bergtour gewagt hat, war sehr gefährlich.
Was er damals geäußert hat, war völlig sinnlos.

144

Forme die Wörter in Klammern zu einem substantivierten Superlativ um. Kreise den großen Anfangsbuchstaben ein.

Beispiel:
Es war das (enttäuschend), was er je erlebt hat. – Es war das Enttäuschendste, was er je erlebt hat.

Es ist das (bedeutend), was jemals über dieses Thema geschrieben wurde.
Nach Hause gehen und schlafen ist das (gut), was wir tun können.
Der Neubau des Kindergartens geschieht zum (gut) unserer Kinder.
Die (klein) werden von einer ausgebildeten Kindergärtnerin betreut.
Die (schön) von allen wurde zur Königin des Weinfestes gewählt.
Das (gering), was er tun kann, ist, sich zu entschuldigen.
Ich werde mein (möglich) tun, um deine Bitte zu erfüllen.
Mit den Hilfslieferungen kann die Bevölkerung nur mit dem (notwendig) versorgt werden.
Nach seinen Andeutungen waren wir schon auf das (schlimm) vorbereitet.
Sich rechtzeitig ins Ausland abzusetzen ist das (sicher), was er tun konnte.

145

Links stehen Fügungen mit Superlativen, rechts die Bedeutungsangaben. Welche gehören zusammen? Ziehe die Linien. Setze dann die Fügungen in die Sätze unten statt der Klammerausdrücke passend ein.

bis zum Letzten	(am besten)
bis ins Letzte	(jetzt)
es ist das Beste	(überhaupt nicht)
auf das Beste	(sehr streng)
auf das Äußerste	(sehr)

auf das Strengste	(sehr gut)
nicht im Entferntesten	(am schlimmsten)
nicht das Geringste	(gar nichts)
das Schlimmste	(sehr, in äußerstem Maße)
als Nächstes	(bis in alle Einzelheiten genau)

(Am schlimmsten) ist, dass er keinen Lebenswillen mehr hat.
Wir haben (überhaupt nicht) daran gedacht, dich im Stich zu lassen.
Sie war (sehr, im äußersten Maße) erbost.
Es ist (am besten), wenn er sich die Sache einmal in Ruhe ansieht.
Ich habe (gar nichts) von unserem Gespräch weitererzählt.
Sie hat sich (sehr) verausgabt und trotzdem verloren.
Sie war für den Wettkampf (sehr gut) vorbereitet.
(Jetzt) folgt die große Elefantennummer.
Die Vorgänge, die zum Sturz des Diktators führten, sind (bis in alle Einzelheiten genau) erforscht.
Das Gebäude wird von der Polizei (sehr streng) bewacht.

*146

Welche Bedeutung passt zu welchem Ausdruck mit Superlativ? Ziehe die Linien. Setze dann den Ausdruck passend in die Sätze unten ein.

das Neueste	an den leichtesten Aufgaben
dein Nächster	die wichtigen Dinge
am Einfachsten	sehr
das Wichtigste	die Vollkommenheit erreichen wollen
bis zum Äußersten	die neuesten Nachrichten
nach dem Höchsten streben	dein Mitmensch

Das Komplizierte beherrscht er, aber .... ist er gescheitert.
Weißt du schon ....?
Wir waren .... angespannt.
„Liebe ....“, heißt es in der Bibel.
In seinem maßlosen Ehrgeiz wollte er immer ....
Er kümmert sich um vieles, übersieht aber meist ....

Wörter, die sich auf ein Substantiv beziehen

> *Wörter, die allein stehen oder auf einen Artikel bzw. ein Wort wie* alle, viele, einige *usw. folgen, schreibt man nach der Grundregel groß. Man schreibt sie aber mit kleinen Anfangsbuchstaben, wenn sie sich auf ein Substantiv beziehen, das vorher oder nachher genannt wird.*

147

Unterstreiche das Substantiv, auf das sich die unterstrichenen Adjektive beziehen.

Alle Kinder waren beschäftigt. Die großen bastelten und die kleinen spielten mit Bauklötzen.
Er isst gern Schinken. Der gekochte ist ihm aber lieber als der rohe.
Viele alte Leute waren anwesend. Die ältesten von ihnen wurden vom Bürgermeister geehrt.
Er war der tüchtigste und einfallsreichste unter den Angestellten.
Die Rose ist für viele die edelste aller Blumen.
Da sein Computer kaputt ist, arbeitet er auf meinem alten.

148

Setze das in Klammern angegebene Adjektiv in den Satz ein.

(schnell)	Er meinte, sein Sportwagen wäre das .... aller Autos.
(aufmerksam)	Die .... unter den Gästen brachten der Hausfrau Blumen.
(dunkelrot)	Rosen sind ihre Lieblingsblumen. Am besten gefallen ihr die ....
(fein, grob)	Bring mir bitte ein Stück Leberwurst. Nimm aber von der .... und nicht von der ....
(durchtrainiert)	Er war der am besten .... unter allen Sportlern.

149

Setze die in Großbuchstaben geschriebenen Wörter in Normalschreibung. Unterstreiche die Substantive, auf die sie sich beziehen.

Von allen Schlangen ist die Kobra die GEFÄHRLICHSTE.
In unserer Gegend gibt es viele gotische Flügelaltäre. Einer der BERÜHMTESTEN ist in St. Wolfgang.
Die Straße hat mehrere Kurven. Die ENGSTE ist gleich außerhalb des Ortes.
Wir verbrachten einige Tage in Venedig; es waren die ANSTRENGENDSTEN unserer Reise.
Von den beiden Schwestern ist Eva die HÜBSCHERE.
Der Brief liegt auf dem Schreibtisch, entweder auf MEINEM oder auf DEINEM.

*150

Immer eins von beiden.
Baue Sätze nach dem angegebenen Muster:

Kinder – älteste – jüngste:	Wir nahmen das .... und das .... unserer .... auf die Reise mit; das .... freute sich darüber am meisten.

Wir nahmen das älteste und das jüngste unserer Kinder auf die Reise mit; das jüngste freute sich darüber am meisten.

Supermarkt – groß – klein:	In unserer Straße gibt es zwei ......, einen ..... und einen .... Wir kaufen immer im .... ein.
Pullover – rot – grün:	Wir kauften zwei ...., einen .... und einen .... Mir gefällt der .... am besten.
Gardine – bunt – gestreift:	Sie nähte .... für die neue Wohnung, die .... kommen ins Kinderzimmer, die .... ins Schlafzimmer. Mir hätten die .... besser gefallen.

Weg – länger – kürzer: Es gibt zwei .... zu unserem Wochenendhaus, einen .... über die Autobahn, einen .... über die Landstraße. Ich nehme immer den ....

Wein – italienisch – deutsch: Es standen zwei Arten von .... zur Auswahl, ... und .... Wir trinken lieber ....

Adjektive auf -isch und -er, die von Namen abgeleitet sind

Adjektive auf -isch, die von geografischen Namen abgeleitet sind, schreibt man klein, wenn sie keine Eigennamen sind, z. B. arabisches Öl.

151

Bilde zu den Ortsnamen ein Adjektiv auf -isch, schreibe die Ausdrücke vollständig auf.

Beispiel:

Türkei – Oliven: türkische Oliven

Schweiz	die .... Regierung
Afrika	die .... Kultur
Bayern	die .... Universitäten
Dänen	die .... Bevölkerung
Österreich	.... Weine
Italien	.... Autobahnen
Sachsen	.... Landschaften
Rom	die .... Stadtverwaltung
Schleswig-Holstein	die .... Küste

> *Adjektive auf -isch (-esch, -sch), die von Personennamen abgeleitet sind, werden kleingeschrieben, z. B. habsburgische Heiratspolitik.*

152

Forme die Ausdrücke um: Du brauchst bei einzelnen besondere Endsilben wie -anisch, -onisch. Schlage im Zweifelsfall im Wörterbuch nach.

die Schriften Platos
die Philosophie des Pythagoras
Einsteins Relativitätstheorie
das Wörterbuch der Brüder Grimm
die Epen Homers
die Schriften des Kopernikus
die Theologie Luthers
Lyrik von Goethe
die Dramaturgie Brechts
das Gesetz von Ohm
die Musicals von Webber
der Kalender von Papst Gregor
die Bücher des Moses
die Aussprüche des Konfuzius
das von Archimedes gefundene Prinzip

153*

Forme die Sätze so um, dass der Bezug zu einer Person durch eine Ableitung auf -(i)sch zum Ausdruck kommt.

Der Schauspieler sprach den Text mit einem Pathos, wie es für Schiller typisch ist.
Der Komponist verwendete eine Leitmotivtechnik in der Art Wagners.
Das nach Kopernikus benannte Weltsystem löste das geozentrische Weltsystem ab.
Der Lehrer erklärte den nach Pythagoras benannten Lehrsatz.
Wir besuchten eine Ausstellung über die Kunst aus der Zeit der Ottonen.
Er fällte ein Urteil, so weise, wie man es von Salomo kennt.
Die meisten Bibelübersetzungen, die als Vorläufer der von Luther gelten, hatten noch geringes sprachliches Niveau.
Das war ein Versprecher, wie er schon von Sigmund Freud analysiert wurde.

154

Auch Ableitungen auf -istisch schreibt man immer klein. Forme zu einem Adjektiv auf -istisch um.

die Lehre, die auf Kalvin zurückgeht – die .... Lehre
eine auf Darwin beruhende Auffassung
die auf Marx zurückgehende Gesellschaftslehre
das China zur Zeit Maos
die Bauten aus der Zeit Stalins
die Partei Trotzkis
ein Mönch der von Buddha gegründeten Religion

Ableitungen auf -er

Ableitungen von geografischen Namen auf -er schreibt man immer mit großen Anfangsbuchstaben, z. B. die Frankfurter Innenstadt.

155

Forme den Ausdruck zu einer Ableitung mit -er um und trage sie in die Tabelle unten ein.

der Hafen von Hamburg
der Kreml in Moskau
die Festwochen in Wien
die Fasnacht in Basel
Festspiele in Salzburg
der Tower in London
das Oktoberfest von München
der Dom in Köln

Ordne die Ausdrücke in zwei Spalten:

Kultur- und Vergnügungsveranstaltungen	Bauten
....	....

***156**

Leckerbissen, die niemand kennt.
Da ist etwas durcheinander gekommen.
Schreibe die Ausdrücke richtig auf.

Lübecker Käse
Schwarzwälder Nockerln
Pilsener Schnitzel
Nürnberger Weiße

Kieler Lebkuchen
Salzburger Sprotten
Harzer Marzipan
Edamer Bier
Wiener Roller
Berliner Kirschtorte

157

Bei manchen Formen sind beide Ableitungen möglich. Forme die Wörter auf -isch zu einem Wort mit -er um. Beachte die Großschreibung der -er-Ableitungen. – Unterstreiche Anfangsbuchstaben und Endungen nach dem vorgegebenen Muster.

berlinische Aussprache – Berliner Dialekt
schweizerische Banken – .... Käse
pfälzische Bibliothek – .... Wein
der hamburgische Senat – das .... Schauspielhaus
die salzburgische Landesausstellung – die .... Festspiele
thüringische Geschichte – .... Wurst

Zahlwörter

Zahlwörter schreibt man grundsätzlich mit kleinem Anfangsbuchstaben:
Und zwar:
- *alle Grund- und Ordnungszahlen: Das kostet fünf Mark. Es ist acht Uhr. Ich möchte ein zweites Stück.*
- *Grundzahlen unter einer Million, auch wenn sie wie Substantivierungen aussehen: diese zwei kenne ich, an die zwanzig.*
- *Bruchzahlen auf -tel und -stel vor Maß- und Uhrzeitangaben: ein zehntel Millimeter, drei viertel Liter, ein achtel Kilo, um viertel acht.*

> *Substantivierte Zahlwörter schreibt man mit großem Anfangsbuchstaben. Das sind vor allem:*
> - *Substantivierte Grundzahlen als Bezeichnungen für Ziffern: die Ziffer Zwanzig, eine Eins im Zeugnis.*
> - *Zahleneinheiten und Zahlenverhältnisse: das Hundert, ein Viertel, das zweite Drittel, ein Viertel vor acht.*
> - *Substantivierte Ordnungszahlen: am Ersten des Monats, jeder Dritte.*
> - *Glieder einer Reihen- oder Rangfolge: unser Einziger, der Erste erhält einen Preis, er startete als Dritter.*

158

Schreibe die in Ziffern geschriebenen Zahlen in Wörtern.
Achte auf die kleinen Anfangsbuchstaben.

Wie alt ist er denn? Er ist schon über 30.
Man darf nicht durch 0 teilen.
Wo seid ihr 2 schon wieder gewesen?
Du siehst drein, als ob du nicht bis 3 zählen könntest.
An der Demonstration nahmen nur einige 100 teil.
Auf allen 4en krochen sie aus der Höhle.
Ein Mann von 80 hat genug Erfahrung.
Wir müssen den Kuchen durch 5 teilen.

159

Ordnungszahlwörter
Setze das fehlende Zahlwort ein.
Du kannst es den festen Verbindungen entnehmen,
die im Rahmen angegeben sind.

das erste Beste	zu zweit
nicht der Erste	wie kein Zweiter
der/die Erste (in der Reihenfolge)	zu dritt
als Erstes	fürs Erste

Sie nahm das .... Beste und gab sich damit zufrieden.
Das wäre fürs .... genug.
Du bist nicht der ...., der das sagt.
Als .... möchte ich bemerken, dass ich nur in Vertretung hier bin.
Der .... im Alphabet soll beginnen.
Er hat bei uns wie kein .... gearbeitet.
Kommt ihr zu .... oder zu ....?

160 Grundzahlen (Kardinalzahlen)

Schreibe die Ziffern in Wörtern auf. Beachte die Kleinschreibung der Zahlwörter.

Ich komme in 2 Wochen zurück.
Der Abschnitt 4 muss noch überarbeitet werden.
Was 3 wissen, wissen bald auch 30.
Rufe mich bitte nach 7 an.
Den Gewinn werden wir gerecht durch 3 teilen.
Wir 2 gehören zusammen.
Viele Menschen über 70 leben noch sehr sportlich.
Diese 3 habe ich schon gesehen.

161

Schreibe die Brüche in Wörtern auf. Beachte die Kleinschreibung der Zahlwörter.

$^{1}/_{10}$ Millimeter
nach $^{3}/_{4}$ Stunden
in $^{6}/_{100}$ Sekunden
$^{1}/_{4}$ Liter
$^{1}/_{8}$ Kilo
nach $^{3}/_{4}$ acht

162

Übertrage die in Großbuchstaben geschriebenen Wörter in Normalschreibung. Kreise den großen Anfangsbuchstaben ein.

die Zahl ZWEI
die Ziffer DREI
die EINS
eine VIER
die böse SIEBEN
ein Defizit von mehreren MILLIONEN

die verhängnisvolle DREIZEHN
eine arabische ACHT
die NULL
eine deutliche NEUN
eine ACHT laufen
die Kosten gehen in die MILLIARDEN

163

Was Zahlen alles bedeuten können

Was trifft für die Beispiele aus der linken Spalte zu? Ziehe die Linien. Unterstreiche die substantivierten Zahlwörter.

die siegreiche Elf	Punkte auf dem Würfel
in die Acht umsteigen	Jahre
in die Achtzig kommen	eine Note in der Schule
die böse Sieben	eine Mannschaft
eine Sechs würfeln	eine Unglückszahl
eine Fünf schreiben	eine Buslinie

164

Schreibe die Zahlzeichen in Wörtern aus. Kreise die großen Anfangsbuchstaben ein.

In Mathematik schrieb er eine 4.
Er gab der 13 die Schuld an dem Unglück.
Wir fahren mit der 4 zur Schule.
Sie radierte die 3 aus und schrieb eine 5.
Auf diesem Gebiet ist er eine 0.
Wenn ich jetzt eine 6 würfle, habe ich gewonnen.
Wie schreibt man eine römische 5?

Bruchzahlen können aber auch Substantive sein. Dann nennen sie meist ein Material, eine Strecke usw. Man erkennt die Substantive oft daran, dass ein Substantiv im Genitiv folgt. Z. B. ein Viertel Butter, zwei Drittel der Sendezeit.

165

Ergänze die Bruchzahlen durch eine passende Angabe in der rechten Spalte. Schreibe die Ausdrücke nochmals auf, kreise die großen Anfangsbuchstaben der Bruchzahlen ein.

ein Drittel	Bier
ein Zehntel	Wein
drei Fünftel	der Lieferung
zwei Drittel	des Betrages
ein Viertel	der Wegstrecke
ein Achtel	Butter
eine Halbe	aller Antworten

166

Welche Bedeutung gehört zu welcher Zahl? Ziehe die Linien. Schreibe die in Großbuchstaben geschriebenen Zahlen auf, kreise den großen Anfangsbuchstaben ein.

ein ACHTEL	6 Uhr 15
drei VIERTEL	75 %
Es ist VIERTEL nach sechs	50
das HUNDERT	der millionste Teil
ein halbes HUNDERT	der achte Teil von etwas
ein DREITAUSENDER	Einheit von 100 Stücken
ein MILLIONSTEL	Berg über 3000 m Höhe

Zahlwörter können als Substantiv gebraucht werden. Sie werden dann großgeschrieben. Ebenso werden ähnliche Wörter geschrieben, z. B. der Letzte, der Nächste.

*167

Unterstreiche die substantivierten Wörter:

Am Ersten des Monats
Das kommt nicht in Frage, das wäre das Letzte!
ein Dritter
sein Letztes geben
zum Ersten kündigen
der/die Letzte
der Erste, der Zweite und der Dritte
die Ersten werden die Letzten sein
jeder Vierte
als Fünfter
fürs Erste
der/die Erste im Land
Vierter werden
vom Hundertsten ins Tausendste kommen

168

Suche nun zu diesen Fügungen (Übung 167) einen Satz, in den der Ausdruck sinngemäß passt:

Einem .... gegenüber darf von unserem Gespräch nichts erwähnt werden.
Die Feuerwehrleute gaben beim Brand des Chemiewerkes ....
Der .... werden bei der Siegerehrung genannt.
Am .... wird unser Gehalt überwiesen.
Warte bis zum Ende: Schon in der Bibel steht: Die ....
Du möchtest allein nach Indien trampen? Das .... !
Du musst gewaltig aufholen, du bist die .... in der Klasse.
Ich verlasse die Firma und werde zum .... kündigen.
.... lehnte das Projekt ab.
Er kam .... an die Reihe.
.... wollen wir darüber nicht mehr reden.
Nach dem Tod des Präsidenten wurde sie .... im Land.
Wegen eines Fehlstarts wurde er nur ....
Ich bin der/die .... im Alphabet.
In seinen Erzählungen kam er immer vom .... ins ....

Die Zahlwörter hundert und tausend schreibt man im Allgemeinen wie alle Adjektive klein: hundert Mark, tausende Menschen. Sie können aber auch als Zahlsubstantiv gebraucht werden. Zahlsubstantive bezeichnen eine Einheit von einer bestimmten Anzahl, z. B. das Dutzend (12 Stück), das Hundert (z. B. das erste Hundert Schrauben), das Tausend, eine Million, zwei Milliarden. Wenn hundert oder tausend eine unbestimmte Menge angeben (man kann sie dann nicht in Ziffern schreiben), kann man die Zahlen als Zahladjektive oder als Zahlsubstantive auffassen und daher klein- oder großschreiben.

169

Setze die passende Form des Substantivs das Hundert bzw. das Tausend ein. Versuche anhand der Regel die Groß- oder Kleinschreibung zu erklären bzw. wo beide Schreibungen möglich sind.

Mehrere (100) von Beschäftigten des Werks wurden arbeitslos.
Einige (100) demonstrierten vor dem Regierungsgebäude.
Das weiß von (100) nur einer.
Viele (1000) bestaunten das Feuerwerk.
Der Beifall (1000) von Zuschauern erzeugt eine großartige Stimmung.
Die Kosten gehen in die (1000).
Von den gelieferten Gläsern war kaum ein halbes (100) noch ganz.
Sie starben zu (1000) an Cholera.
Beim Festzug säumten (100) und aber (100) die Straßen.
Es ist noch ein letztes (100) Nägel auf Lager.

Zahladjektive

> *Eine Gruppe von Zahladjektiven wird in allen Verwendungen mit ihren Beugungs- und Steigerungsformen kleingeschrieben. Diese lernt man am besten auswendig:*
> *viel (viele, mehr, meist)*
> *wenig (wenige, am wenigsten)*
> *(der) eine*
> *(der) andere*

170

Setze die passende Form des Wortes in Klammern ein:

(ein)	Der .... hört gern Musik, der .... liebt die Stille.
(viel)	Nicht .... wissen über politische Vorgänge genau Bescheid.
(meist)	Die .... wählen nach Sympathie und nicht nach Überlegung.
(wenig)	So wirst du auch die .... Gäste noch verärgern.

171

Hier sind in jedem Satz Formen von ander *einzusetzen.*

Ich habe in diesem Geschäft nichts .... bekommen.
Wir beide gehen unsere Wege, die .... sollen reden, was sie wollen.
Ein .... hätte sich über die schlampige Briefzustellung beschwert.
Jeder .... wäre glücklich, wenn er diesen Job hätte.
War für diese Aufgabe kein .... zu gewinnen?
Du kannst das Buch behalten, wir haben genug .... zu lesen.

Pronomen

Pronomen schreibt man klein, auch wenn ein Artikel, eine Präposition oder ein Wort wie alles, allerlei, etwas, genug, nichts, viel, wenig *usw. vorangeht.*

172

Präge dir die Schreibung mit kleinen Anfangsbuchstaben der folgenden Wörter ein:

alles	solcher
beide	mancher
jeder	jene

Diese Wörter kommen in den folgenden Sätzen in Großbuchstaben vor. Schreibe die Sätze in normaler Schrift auf.

Von ihren Söhnen gehen alle BEIDE noch zur Schule.
Ein JEDER, eine JEDE bekam als Andenken eine Urkunde.
Ich möchte auch einmal ein SOLCHER werden.
Wer denkt an die VIELEN, die Not leiden?
Hier ist schon MANCHER ausgeraubt worden.
Alle JENE, die Karten reserviert haben, sollen nach vorne kommen.
An der Grenze müssen ALLE den Pass vorweisen.

173

Forme die eingeklammerten Pronomen zu einem substantivierten Pronomen um. – Unterstreiche, woran man den Gebrauch als Substantiv erkennt.

Nach der Zerstörung der Häuser standen die Menschen vor dem (nichts).
Da hat ein gewisser (jemand) sein Zimmer nicht in Ordnung gebracht.
Der Chef hat mir das (du) angeboten.
Was, dieses (nichts) will mich beleidigen?

In der Dunkelheit spürte ich ein weiches (etwas) an meinen Beinen.
Das liebe (ich) siegt oft über die guten Vorsätze.
Dein ewiges (warum) geht mir schon auf die Nerven.
Dieser Hund ist eine (sie), kein (er).
Wenn es gegen Donnerstag geht, ist mein anderes (ich) schon im Wochenende.
Der Weg vom (ich) zum (wir)
Die Brücke vom (ich) zum (du)

Feste Fügungen **174**

Ziehe die Linie zwischen Fügung und Bedeutung.
Setze die passende Fügung unten ein.

das Du	ein Mann und eine Frau
ein Er und eine Sie	das Duwort, die vertraute Anrede
das Nichts	eine zusätzliche Menge
das Mehr	eine Kleinigkeit, sehr wenig

Der Chef hat mir .... angeboten.
Ärgere dich nicht über ein .... !
.... wandelten Hand in Hand den Strand entlang.
Jedes .... an Kosten muss von der Direktion genehmigt werden.

Anredepronomen

Die Pronomen der höflichen Anrede schreibt man immer groß. (Allerdings nicht das Reflexivpronomen sich.)

Personalpronomen	**Possessivpronomen**	**Ableitungen und Zusammensetzungen**
Sie	Ihr	Ihrerseits
Ihrer	Ihre	Ihresgleichen
Ihnen	Ihres	Ihretwegen
	Ihrer	Ihrethalben
	Ihrem	Ihretwillen
	Ihren	

175

Herr Kunkel hat seinen Schirm vergessen. – Die Verkäuferin ruft ihm nach: „Herr Kunkel, Sie haben Ihren Schirm vergessen!" Schreibe ähnliche „Nachrufe" auf, und zwar alle in der höflichen Anrede. Unterstreiche die Anredepronomen. Achte auf die großen Anfangsbuchstaben.

Frau Wendlingers Tasche ist offen. – „Frau Wendlinger, ……"
Der Herr Professor hat sein Brillenetui verloren.
Frau Doktor war sehr nett zu dem Patienten.
Der Bürgermeister soll sich für eine neue Buslinie einsetzen.
Die Kunden sollen ihre Einkaufstaschen an der Kasse öffnen.
Der Reisende hat seinen Reisepass nicht vorgewiesen.

176

Unterscheide die Anredepronomen von anderen Personal- oder Possessivpronomen. In jedem Satz ist ein Pronomen (nur eines) als Anrede gebraucht, die anderen nicht. Übertrage die Pronomen in Normalschreibung.

Könnten SIE meiner Tochter IHRE Briefe bringen?
Haben IHRE Kinder IHRE Ferien gut verbracht?

Wir haben IHRETWEGEN der Mieterin und IHREM Sohn gekündigt.
Die Vertreibung der Bevölkerung mit IHREN Folgen muss auch SIE aufrütteln.
Wir wünschen IHREN Eltern alles Gute und hoffen auf IHRE baldige Genesung.

177

Forme die Aufrufe zu direkten Anreden um. Unterstreiche das Anredepronomen.

Die Demonstranten werden gebeten, den Rasen nicht zu betreten. – Betreten Sie bitte nicht den Rasen!
Die Mieter werden gebeten, den Müll nicht neben die Behälter zu werfen. – ....
Den Touristen wird geraten, die Handtaschen fest umklammert zu halten.
Wir ersuchen die Gäste, die Schirme und Taschen in der Garderobe abzugeben.
Die Besucher des Parks werden gebeten, die Hunde an die Leine zu nehmen.
Den Patienten ist verboten, in den Krankenzimmern zu rauchen.

178

Ein Dialog am Bahnhof
Schreibe den Text in die Höflichkeitsform um. Beachte, dass die Anredepronomen mit großem Anfangsbuchstaben geschrieben werden.

„Hallo Gerda! Wie geht es dir? Hattest du eine schöne Fahrt?“
„Ach, du hättest sehen sollen, wie voll der Zug war.“
„Schau, wir sind alle gekommen, dich abzuholen. Aber wo hast du denn deinen Koffer?“
„Mein Gott, der ist ja noch im Zug! Könnt ihr ihn noch herausholen?“

„Wie denn? Der Zug fährt ja schon wieder los."
„Geht ihr mit mir zur Fahrdienstleitung, vielleicht kriegen wir den Koffer noch."
„Natürlich helfen wir dir. Hattest du Wertvolles in deinem Koffer verpackt?"
„Nur die Schmutzwäsche. Und für euch ein paar Mitbringsel."

179

In den Sätzen fehlen die Anredepronomen. Ergänze die Sätze aus der Wortliste. Wenn du ein Anredewort verwendet hast, streiche es aus der Liste. – Achte auf die Schreibung mit großem Anfangsbuchstaben.

Ihnen Ihnen Ihnen — Ihren
Ihr — Ihrer
Ihre Ihre — Ihretwegen
Sie Sie Sie Sie Sie Sie Sie Sie Sie Sie Sie Sie Sie

Sätze aus Briefen:

Ich ersuche .... mir die Ware zum frühesten Termin zu liefern.
Wir haben .... Schreiben erhalten und können .... nun Folgendes mitteilen.
Ich werde .... natürlich alle Auslagen, die .... bei dieser Reise hatten, ersetzen.
.... können nicht verlangen, dass wir .... die ganze Nacht das Licht brennen lassen.

Angaben auf einem Fragebogen, in Lehrbüchern:

Unterstreichen .... das richtige Wort.
Tragen .... Namen und die .... Familienangehörigen ein.
Welches Bild gefällt .... am besten?

Kreuzen .... die zutreffenden Antworten an.
Wenn .... die Briefe ins Englische übertragen, müssen .... Folgendes beachten.

Wörtliche Rede:

Der Kellner fragte: „Was wünschen .... zu trinken?"
„Machen .... mit dem Brief, was .... wollen", antwortete er ärgerlich.
„Ich finde .... Antwort gar nicht schmeichelhaft", sagte sie.

Aufrufe, Warnungen:

Fahren .... auf regennasser Fahrbahn besonders vorsichtig!
Überzeugen .... sich selbst von der Qualität der Ware!
Auch .... Unterschrift zählt!

180

Höfliche Anredeformel in anderen Situationen
In den Sätzen fehlen die Anredepronomen. Ergänze die Sätze aus der Wortliste. Achte auf die Schreibung mit großem Anfangsbuchstaben.

Ihnen Ihnen Ihnen Ihnen Ihnen Ihnen Ihnen
Ihr
Ihrem
Ihrer Ihrer Ihrer Ihrer
Sie Sie Sie

Beileid, Anteilnahme:

Zu .... schweren Verlust drücken wir .... und .... Familie unsere Teilnahme aus.

Wenn wir auch .... Leid nicht lindern können, so sollen .... doch wissen, dass wir mit .... fühlen.
Mir bleibt in dieser Stunde nichts, als .... meine Hilfe und meinen Beistand anzubieten.
Rufen .... mich und ich bin an .... Seite.

Glückwünsche:

Ich wünsche .... und .... Familie viel Glück im neuen Jahr.
Da .... nun in den Ruhestand treten, wünsche ich .... viel Glück, Gesundheit und vor allem viele gute Ideen für die Gestaltung .... Freizeit.
Wir gratulieren .... von Herzen zur bestandenen Meisterprüfung und wünschen .... für die künftigen Aufgaben Glück und Erfolg.

181 Dankschreiben

Setze die fehlenden Anredepronomen ein.
Beachte die großen Anfangsbuchstaben.

Sehr geehrte Frau Schuster,
sehr geehrter Herr Schuster,

Wir haben uns sehr gefreut, dass wir .... bei unserem Fest als Ehrengäste begrüßen durften. .... haben unsere Jubiläumsveranstaltung durch .... Anwesenheit sehr bereichert. Dafür möchten wir .... herzlich danken.

Wir hoffen, dass .... der Abend in unserem Kreis in guter Erinnerung bleiben wird.

Mit freundlichen Grüßen
....

Entschuldigungsschreiben 182

Die Anredepronomen fehlen. Setze sie ein. Unterstreiche dann die anderen Personalpronomen.

Sehr geehrte Frau Schöbel,

es tut mir sehr leid, dass unser Sohn Tommy beim Ballspielen eine Scheibe .... Wohnzimmerfensters eingeworfen hat.

Selbstverständlich kommen wir für den Schaden auf. Schicken .... uns bitte nach der Reparatur die Rechnung oder bringen .... sie – wenn .... mögen – vorbei. Dann könnten wir bei Kaffee und Kuchen ein wenig plaudern.

Mit freundlichen Grüßen
....

Kontrastübung *183

Einladung
Alle Pronomen sind in Großbuchstaben geschrieben. Schreibe den Text in Normalschrift. Überlege zuerst, welche Pronomen eine Anrede in der Höflichkeitsform sind, diese schreibe mit großem Anfangsbuchstaben.

Liebe Frau Schmidt,

zu UNSERER silbernen Hochzeit am 28. April laden WIR SIE herzlich ein. Gerade IHRE Anwesenheit ist UNS besonders wichtig.

Über viele Jahre haben SIE UNSEREN Lebensweg begleitet, nahmen Anteil an UNSEREM Leid und UNSEREM Glück. Mit IHNEN durften WIR eine Nachbarschaft erleben, die WIR sehr genossen haben.

Wäre es nicht schön, wenn WIR SIE an UNSEREM Festtag begrüßen könnten? Wir hoffen auf IHRE Zusage.

Mit freundlichen Grüßen
IHRE

Anredepronomen der privaten Anrede

Die Anredepronomen der privaten Anrede werden mit kleinem Anfangsbuchstaben geschrieben.

Personalpronomen	**Possessivronomen**	**Ableitungen und Zusammensetzungen**
du	dein	deinerseits
deiner	deines	deinesgleichen
dir	deinem	deinethalben
dich	deinen	deinetwegen
ihr	euer	deinetwillen
euer	eurer	eurerseits
euch	eurem	euresgleichen
	euren	eurethalben
		euretwegen
		euretwillen

184 **Aus einem Telefongespräch**

Setze die fehlenden Anredefürwörter ein. Es sind:

euch, euch, euch, euer, euretwegen, ihr, ihr

„Wir haben uns um .... solche Sorgen gemacht – Wirklich? – Gottseidank! – Ja. – Ich habe .... kaum schlafen können. – Gestern kam endlich .... Brief, und nun wissen wir, dass .... gut angekommen seid und dass es .... gut geht. – Lasst uns wissen, wann .... zurückkommt. – Wir holen .... vom Bahnhof ab.“

185

Schreibe den Brief von Astrid so auf, dass er von Astrid und Martin, also von zweien, an die Eltern gerichtet ist: Liebe Eltern. Wir danken euch ....

Liebe Mutter!
Ich danke dir für deinen Brief. Um mich hast du dir ganz umsonst Sorgen gemacht. Ich komme am nächsten Montag am Abend an. Wenn du mich abholen kannst, bin ich sehr froh, damit ich die Koffer nicht schleppen muss. Die genaue Ankunftszeit teile ich dir telefonisch mit.
Bis bald!
Deine Astrid

186

Der Leiter eines Schülerzentrums macht in einem freundlichen Schreiben die Benutzer auf die Hausordnung aufmerksam. Schreibe den Text so um, dass er in einem Schulungsheim für Erwachsene angebracht werden könnte, also in der Höflichkeitsform.

Damit sich alle in diesen Räumen wohl fühlen können, müsst ihr euch an einige Spielregeln halten:
Es ist unbedingt nötig, dass ihr das Geschirr in der Bar selbst abräumt und abwascht, dass ihr die Zeitschriften wieder in das Regal zurückbringt und dass ihr beim Verlassen der Räume die Fenster schließt.
Auch euch würde lautes Trampeln und überlaute Musik aus dem Kassettenrekorder beim Lesen oder Lernen stören; nehmt ihr deshalb bitte auf die andern Rücksicht.
Wenn ihr mit der Band üben wollt, geht bitte in den Raum im Keller.
Wenn ihr euch an diese wenigen Regeln haltet, werden alle ihren Nutzen haben: ihr und eure Gäste.

Andere Wortarten

Adverbien, Präpositionen, Konjunktionen, Interjektionen schreibt man grundsätzlich mit kleinen Anfangsbuchstaben. Sie können aber – wie alle Wortarten – als Substantive gebraucht werden.

Beispiele

Wortart	**normaler Gebrauch**	**Gebrauch als Substantiv**
Adverb	heute, hier, diesseits	das Heute, das Diesseits,
	durcheinander, vielleicht	das Durcheinander
Präposition	ab, aus, für, in, von, wider	das Auf und Ab der Wellen, das Für und Wider
Konjunktion	aber, und, als ob, entweder – oder	sein ständiges Wenn und Aber
Interjektion	au!, ach!	ein lautes Au!

Adverbien

187

Forme die Sätze so um, dass das Adverb als Substantiv gebraucht wird.
Beispiel: Bei uns daheim ist es sehr gemütlich. – Wir haben ein gemütliches Daheim.

Denke nicht an morgen. – Denke nicht an das ....
Das Dorf liegt jenseits des Flusses. – Er hofft auf besseres Leben im ....
Die Dame, die mir gegenüber saß, war sehr gesprächig. – Mein ....
Wenn du diesen Weg gehst, kannst du nicht mehr zurück. – Es gibt für dich kein ....

188

Welches substantivierte Adverb passt zu welchem Synonym? Ziehe die Linien. Kreise den großen Anfangsbuchstaben ein und unterstreiche den Artikel.

das Zuhause	die Vergangenheit
das Diesseits	der Wirrwarr
das Durcheinander	die eigene Wohnung, das eigene Heim
das Gestern	der rechts außen Spielende
der Rechtsaußen	die Welt, das Leben auf der Erde

189

Welches Wort passt in die Sätze? Füge die Adverbien ein, und zwar als Substantiv gebraucht.

heute	vielleicht	nachher
morgen	jenseits	zurück

Er genießt den Tag und interessiert sich nicht für das …….
Du hast die Entscheidung getroffen, es gibt kein ……. mehr.
Das ……. ist ihm wichtiger als das …….
In manchen Kulturen gab man den Toten Speisen ins ……. mit.
Vom ……. ist es nicht weit zur Lüge.

190

Eine vorausgehende Präposition ist auch bei Adverbien ein Signal für Großschreibung. Ersetze das unterstrichene Wort durch einen Audruck mit Präposition:

im Voraus im Nachhinein des Öfteren

Hinterher kann man immer der Klügere sein!
Er hat mich schon oft in meinem Gartenhaus besucht.
Die Arbeit muss vorher bezahlt werden.

191 Doppelformen

Setze den Ausdruck passend in die Sätze ein. Bringe auch den Artikel in die richtige Form.

das Drum und Dran
das Hin und Her
das Gestern und das Morgen
Ja und Nein

Das war ein fürchterliches ...., bis die Entscheidung fiel.
Es war ein großes Fest mit reichlichem Essen, einem Lagerfeuer und allem ....
Zwischen .... liegt ein schönes Heute.
Das .... ist bei unserem Chef nie so endgültig.

Präpositionen

192

Welcher Ausdruck passt in welchen Satz? Vervollständige die Sätze. Unterstreiche die substantivierte Präposition mit dem Artikel.

Auf und Ab
Auf und Nieder
Aus (außerhalb des Spielfeldes)
Aus (Ende)
Für und Wider

Der Ball befindet sich bereits im ....
In der fünften Runde des Kampfes kam das .... für ihn.
Wegen seines Rückens machte ihm das ständige .... bei den gymnastischen Übungen zu schaffen.
Vor einer endgültigen Entscheidung müssen wir sorgfältig das .... abwägen.
In ihrer Biografie spiegelt sich das .... des Lebens.

Konjunktionen

193

Hier siehst du eine Liste mit substantivierten Konjunktionen. Unterstreiche die Konjunktionen, kreise den großen Anfangsbuchstaben ein. Setze dann aus dieser Liste passende Ausdrücke in die Sätze unten ein.

sein ständiges Aber
das Als-ob
das Entweder-oder
das Sowohl-als-auch
zu viele Und
ihr Wenn und Aber

Du sollst nicht so viele .... verwenden.
Ihr .... verzögert jede Entscheidung.
In dieser Frage gibt es kein ...., sondern nur ein klares ....
Mit seiner Philosophie des .... täuscht er sich über viele Probleme hinweg.
Sein ständiges .... bringt die Lehrer zur Verzweiflung.

Interjektionen

194

Ausrufewörter können substantiviert werden. Daraus entsteht manchmal ein neues Substantiv. Vervollständige die Tabelle.

Interjektion	substantiviert	Substantiv
wau wau	ein lautes Wauwau	der .... (Hund)
....	das .... der Uhr	die Ticktack (Uhr)
hallo	ein fröhliches	das Hallo (Aufregung, Geschrei)
wehe	klagendes Wehe	.......(der Schmerz)
....	ich hörte ein Trara	das Trara (Hornsignal)

195

Setze die Ausdrücke in die Sätze passend ein. Unterstreiche die substantivierte Interjektion mit dem dazugehörenden Artikel, dem Pronomen oder der Präposition.

mit Ach und Krach
Ah
Au
Oh
Weh und Ach

Unter großem .... strich er den Gartenzaun.
Ihr dauerndes .... geht allen auf die Nerven.
Ein lautes .... folgte dem Tritt auf die Zehen.
.... schaffte er das Abitur.
Ein vielstimmiges .... war beim Eintreffen der Braut zu hören.

V. Eigennamen und Titel

Eigennamen kennzeichnen einzelne Personen, Orte, Einrichtungen, Titel von Büchern, Filmen, Musikstücken usw. Sie bestehen aus
- *einfachen Substantiven oder aus*
- *Wortgruppen.*

Eigennamen werden – wie alle Substantive – mit großem Anfangsbuchstaben geschrieben.
Schwierigkeiten bilden die Wortgruppen, die auch Adjektive, Numerale und andere Wortarten enthalten. Diese anderen Wörter werden oft großgeschrieben, um Eigennamen zu kennzeichnen.

196

Ordne die einfachen Eigennamen in die Tabelle ein.

Afrika, Asterix, Donau, Dresden, Eiffelturm, Europa, Irland, Isolde, Kolosseum, Kolumbien, Mailand, Odyssee, Rhein, Rudolf, Schiller, Schmidt

Vornamen	Zunamen	Städte	Länder
....	....	....	....
....	....	....	....

Erdteile	Werke	Gebäude	Flüsse
....	....	....	....
....	....	....	....

197

Mache die gleiche Übung mit Namen, die aus Wortgruppen bestehen.

Am Stadtpark, Friedrich der Dritte, Hohe Tauern, Im Weingarten, Lange Straße, Lucas Cranach der Ältere, Ludwig van Beethoven, Naher Osten, Obere Rheinstraße, Peter der Große, Schwäbische Alb, Stiller Ozean, Unter den Linden, Vereinigte Staaten, Walther von der Vogelweide

Personennamen	Straßennamen	geografische Namen
....	....	....
....	....	....

198

Wo befinden sich die folgenden berühmten Bauwerke? Ziehe die Linien. Kreise das großgeschriebene Adjektiv ein. Schreibe die Namen nochmals auf.

der Französische Dom	Moskau
der Schiefe Turm	Salzburg
der Rote Platz	Berlin
das Weiße Haus	Berlin
die Komische Oper	Pisa
die Sixtinische Kapelle	Washington und Moskau
die Große Mauer	Istanbul
die Blaue Moschee	China
das Große Festspielhaus	Vatikan

199

Was noch alles Namen haben kann:

- Züge
- Organisationen
- Behörden, Institute
- Sternbilder

Welcher Name gehört zu welcher Gruppe?
Schreibe die Namen nochmals auf, kreise das großgeschriebene Adjektiv ein.

der Rasende Roland
der Kleine Bär
das Auswärtige Amt
die Technische Universität Hannover
das Deutsche Rote Kreuz
das Olympische Komitee
die Christlich-Demokratische Union
der Große Wagen
die Vereinten Nationen
der Blaue Enzian (EC 115)

200

Ereignisse aus der Geschichte – leider fast nur Kriege
Kreuze die richtigen Antworten an. Kreise die großgeschriebenen Adjektive ein.

der Dreißigjährige Krieg	a 563–593	b 1618–1648	c 1914–1944
der Westfälische Friede	a 1648	b 1945	c 9 n. Chr.
die Französische Revolution	a 1968	b 1453	c 1789
der Erste Punische Krieg	a 264–241	b 1839–1945	c 149–146
der Russisch-Japanische Krieg	a 1497	b 1904/05	c 1914–1918
der Spanische Erbfolgekrieg	a 1934–1938	b 1492–1519	c 1701–1714
der Hundertjährige Krieg	a 1339–1453	b 1848–1948	c 748–848

Manche Wortgruppen sind zu einem festen Begriff geworden. Das ist noch kein Grund für die Großschreibung, weil das keine Namen sind, z. B.: bildende Künste, olympisches Feuer, innere Medizin, höhere Schule, gutes neues Jahr. Dagegen gelten manche dieser Ausdrücke als Namen für Festtage, Veranstaltungen, Ereignisse und Epochen und werden daher großgeschrieben, z. B. der Heilige Abend, die Gemeine Stubenfliege, der Westfälische Friede. Im Einzelfall ist es am besten, in einem Wörterbuch nachzuschlagen.

201

Das findet man in keinem Lexikon! Wie müssen die Ausdrücke der linken Spalte richtig lauten? (In der rechten Spalte findest du die dazugehörende Bedeutung.) Schreibe sie auf. Kreise die großgeschriebenen Adjektive und Numerale ein.

Erster Stuhl	das Amt des Papstes
Goldener Abend	der 24. Dezember
Schwarzer Vater	Papst
Neuer Mai	Tag der Arbeit
Schwarzes Testament	ein Teil der Bibel
Heiliges Zeitalter	die ideale Vorzeit der römischen Sage

202 **Ordnungszahlen in Namen von 1 bis 10**

Welches Reich regierten die Persönlichkeiten? Schreibe die Namen mit den Zahlen in Worten auf, unterstreiche den großen Anfangsbuchstaben der Numerale.

Otto I.	Heinrich VI.
Elisabeth II.	Gregor VII.
Richard III.	Heinrich VIII.
Heinrich IV.	Karl IX.
Karl V.	Pius X.

Gasthausnamen **203**

Adjektive in Gaststättennamen schreibt man groß. Die Präpositionen schreibt man groß, wenn sie am Beginn des Namens stehen.

„Gasthaus zum Goldenen Löwen“
„Gasthaus zum Alten Rathaus“
„Hotel Vier Jahreszeiten“
„Zur Alten Post“
„Zum Grünen Anker“
„Zum Weißen Lamm“

Schreibe verkürzte Formen auf:
Ich esse im „Goldenen Löwen“ ....

.... ***204**

Übertrage die in Großbuchstaben stehenden Wörter in normale Schrift.

Als Wohnsitz gab er Berlin, AN DER SPANDAUER BRÜCKE 3 an.
Das Gasthaus hatte den klangvollen Namen „ZUR SCHÖNEN MÜLLERIN“.
Von weitem war schon „GASTHOF ZUR ALTEN POST“ zu lesen.
Die Feier fand in dem beliebten Gasthaus „ZUM WILDEN MANN“ statt.
Kommst du heute mit ZUM „WILDEN MANN“?

205

In Titeln von Büchern, Theaterstücken, Filmen, Kunstwerken, Abhandlungen, Zeitschriften usw. wird das erste Wort großgeschrieben.

Setze die angegebenen Werktitel unverändert in die Sätze ein.

„Die letzte Welt“	Hast du .... schon gelesen?
„Letztes Jahr in Marienbad“	Kennst du den Film .... ?
„Die unbekleidete Maja“	Hängt .... im Prado oder im Louvre?
„Kleine deutsche Sprachgeschichte“	Ich suche die ....
„Die Ungarische Rhapsodie“	Sie trug in ihrem letzten Konzert .... vor.

206

Wenn der Artikel in Werktiteln weggelassen wird oder durch Beugung verändert wird, wird das nächste Wort großgeschrieben.

Setze die Titel von der vorhergehenden Übung in veränderter Form ein.

Hast du die „.......“ schon gelesen?
Mit dem „.......“ ist Resnais einer seiner besten Filme gelungen.
Ich kenne die „.......“ von Goja nicht.
Hast du in der kleinen „.......“ nachgelesen?
Mit der „.......“ konnte sie den größten Erfolg erringen.

VI. Die Schreibung der Satzanfänge

Das erste Wort eines Satzes schreibt man groß,
- *wenn mit dem Satz ein Text beginnt,*
- *wenn der Satz auf einen Punkt, ein Fragezeichen oder ein Ausrufezeichen folgt.*

***207**

In dem folgenden Text sind die Wörter nach den Satzzeichen eingeklammert. Setze die richtigen großen oder kleinen Anfangsbuchstaben ein.

Was ist Ökologie?

(d)ie Ökologie ist eine aus der Biologie hervorgegangene Wissenschaft, (d)ie sich mit den Beziehungen der Organismen untereinander und zu ihrer Umwelt befasst. (s)ie wurde 1866 von dem deutschen Biologen Ernst Haeckel begründet. (z)um einen erforscht sie den Einzelorganismus und seine Abhängigkeit von der Umwelt, (d)azu gehören z. B. Klima und Boden. (z)um andern untersucht sie ganze Lebensgemeinschaften. (a)uch die Beziehungen dieser Lebensgemeinschaften untereinander und zu ihrem Lebensraum werden dabei erforscht. (i)n jüngerer Zeit hat die Ökologie auch aufgrund der Umweltprobleme, (d)ie verstärkte Bemühungen in Umweltschutz und Naturschutz zur Folge hatten, (g)roße Bedeutung erlangt, (b)esonders für den Pflanzenbau, die Schädlingsbekämpfung und die Forstwirtschaft. (Nach: Meyers Jugendlexikon)

208

Ganzsätze können auch unvollständig sein. Auch dann schreibt man das erste Wort groß.

Links findest du Fragen, rechts Antworten. Welche Antwort passt zu welcher Frage? Schreibe die Sätze auf. Beachte den großen Anfangsbuchstaben nach dem Fragezeichen.

Wohin gehst du?	Halb zwei.
Es hat heute geschneit!	Bestimmt fünfmal.
Wie spät ist es?	Ja, um 8 Uhr.
Wissen Sie, wann die Vorstellung beginnt?	Ins Kino.
Wie oft warst du schon am Meer?	Wirklich?

Das erste Wort nach einer wörtlichen Rede schreibt man klein, wenn die wörtliche Rede vor dem Begleitsatz steht oder in den Begleitsatz eingebettet ist, z. B.
„Kommst du mit?“, fragte sie.
Sie rief noch: „Komm mit!“, und verschwand.

209

Wo fehlt ein großer, wo ein kleiner Anfangsbuchstabe?

Wolf und Lamm

__in Wolf und ein Lamm kamen zufällig beide an einen Bach um zu trinken. __er Wolf trank oben am Bach, das Lamm aber weit unten. __ls der Wolf das Lamm bemerkte, __ief er zu ihm und sprach: „__arum trübst du mir das Wasser, __ass ich nicht trinken kann?“ __as Lamm antwortete: „__ie kann ich dir das Wasser trüben, __enn du über mir trinkst?“ __er Wolf sprach: „__ie, du beschimpfst mich noch?“ __as Lamm antwortete: „__ch beschimpfe dich nicht.“ „__enauso machte es dein Vater vor sechs Monaten“, __prach der Wolf. __as Lamm antwortete: „__amals bin ich noch nicht geboren gewesen, wie soll ich

mich da für meinen Vater verantworten?" „__u hast mir aber meine Wiesen und meine Äcker abgenagt und verwüstet." __as Lamm antwortete: „__ie soll das möglich sein, ich habe ja noch gar keine Zähne!" „Ei", __prach der Wolf, „__nd wenn du noch so viele Ausreden hast, so will ich doch noch heute fressen", __nd er würgte und fraß es.
(Nach Martin Luther)

210

Nach Doppelpunkt schreibt man mit großem Anfangsbuchstaben, wenn ein vollständiger Satz folgt.

Welcher Buchstabe fehlt?

Das Thema lautete: __arum lernen wir Fremdsprachen?
Eines ist sicher: __ächstes Mal müssen wir die Reise besser vorbereiten.
Eines kann ich mir nicht erklären: __arum hat er gerade an diesem Abend die Tür abgeschlossen?
Darauf kannst du dich verlassen: __in zweites Mal kommt mir dieser Mensch nicht ins Haus.
Zusammensetzung: __ine Tablette enthält 100 mg Carbonsäure.
Ein Sprichwort lautet: __er Apfel fällt nicht weit vom Stamm.
Wütend rief der Vater: „__er Computer wird jetzt verkauft!"

211

Man schreibt nach dem Doppelpunkt mit kleinem Anfangsbuchstaben, wenn Aufzählungen oder andere Angaben, die nicht aus einem vollständigen Satz bestehen, folgen. (Ausgenommen sind natürlich Wörter, die aus anderen Gründen großgeschrieben werden.)

Welcher Anfangsbuchstabe fehlt?

Im deutschen gibt es drei bestimmte Artikel: _er, die, das.
Die Theaterkassen sind zu folgenden Zeiten geöffnet: _ochentags 9 bis 18 Uhr, sonntags 9 bis 12 Uhr.
Familienstand: _erheiratet.
Seine Noten: Deutsch: _ut, Mathematik: _ehr gut.
Das ist ein schönes Tier: _in Pfau!
Die musikalische Umrahmung gestalten: _er Kinderchor, ein Streichquartett und ein Pianist.

212

Auslassungszeichen und Auslassungspunkte gelten als Satzanfang. Daher folgt ein kleiner Buchstabe, z. B.
's ist schade.
... und sagte kein einziges Wort.

Ersetze das in Klammern stehende Wort durch ein Wort mit Auslassungszeichen oder drei Punkte. Beachte die Schreibung des folgenden Buchstabens.

(Das) ist unglaublich!
(Einen) größeren Wagen bekommen wir nächstes Jahr.
(Eine) größere Sauerei habe ich noch nie gesehen!
(Er verschwand) und kehrte nie mehr zurück.

VII. Zitierte Wörter und einzelne Buchstaben

Wörter, die in einem Text angeführt werden (oft gekennzeichnet durch Anführungszeichen oder Kursivdruck), schreibt man dabei so, wie sie normalerweise geschrieben werden. Daher werden kleingeschriebene Wörter in einem Text auch nach einem Artikel kleingeschrieben, z. B.
das und
das „und"
das und
Zitierte Wörter sind nicht zu verwechseln mit substantivierten Wörtern, z. B. dein ständiges Aber.

213

Die Wörter in Großbuchstaben sind angeführte Wörter. Schreibe die Sätze in Normalschrift.

Du hast das UND in diesem Satz übersehen.
Er verwendet häufig DASS-Sätze.
Sie ist mit SEHR GUT durchgekommen.
Das Barometer steht auf „SCHÖN".
Das Bindewort ABER hat verschiedene Bedeutungen.
Die Heizung war auf KALT eingestellt.
Der Händler hatte den Wagen als NEUWERTIG angeboten.
Bei WEIL-Sätzen steht das Verb am Satzende.
Die Fügung AD ACTA kommt aus dem Lateinischen.

Die Schreibung von Einzelbuchstaben

Wenn das Schriftbild oder die Form des Buchstabens gemeint ist, schreibt man je nach der Form kleine oder große Buchstaben. Das gilt auch für Zusammensetzungen mit Bindestrich.

214

Du kannst in den folgenden Sätzen oder Ausdrücken selbst leicht entscheiden, ob großer oder kleiner Buchstabe zu setzen ist. Sie sind hier alle groß in Klammern geschrieben. Setze sie richtig.

Schreibt ein kleines (M).
Hier fehlt der Punkt auf dem (I).
Das Endungs-(T) muss deutlich zu hören sein.
Ein Dehnungs-(H) zeigt die Länge des Vokals an.
Das (G) in Lage ist nicht lesbar.
Liebe schreibt man mit (IE).
Der Stahlträger hat die Form eines (T).
Manche Täler haben die Form eines (V), andere die Form eines (U).
Der Pullover hat einen (V)-Ausschnitt.
Nach der Brücke kommt eine gefährliche (S)-Kurve.
Wir haben mehrere (O)-beinige Schüler in der Klasse.

Als Substantiv gebrauchte Einzelbuchstaben

Als Substantiv gebrauchte Einzelbuchstaben werden – wie alle Substantivierungen – großgeschrieben.

215

Statt der Punkte ist ein Großbuchstabe einzusetzen. Es kommen vor:

A A M S U V X X Z

Das .... ist der erste Buchstabe des Alphabets.
Ich buchstabiere: .... wie Anton, ... wie Xanthippe.
Der letzte Band des Lexikons geht von .... bis ....
Jahrelang haben wir auf den Tag .... hingearbeitet.
Im Mittelalter wurde .... für den Buchstaben .... geschrieben.
Das .... auf deutschen Kraftfahrzeugen bedeutet München.

216

Einzelbuchstaben kommen oft in Redewendungen und Redensarten vor. Welche Bedeutung passt zu welcher Wendung? Setze dann die passende Wendung in die Sätze unten ein.

von A bis Z	auf plumpe Weise täuschen
Wer A sagt, muss auch B sagen.	vom Anfang bis zum Ende, ohne Ausnahme
ein X für ein U vormachen	die Hauptsache, der Kernpunkt
das A und O	Wer etwas beginnt, muss es auch fortsetzen und Folgen auf sich nehmen.

Diese Geschichte ist .... erlogen.
Sie lässt sich kein ....
Du kannst jetzt nicht plötzlich die Arbeit abbrechen: .... !
Ständiges Üben ist .... jeder musikalischen Ausbildung.

Lösungen

1 →

Verben	Substantive	Adjektive
hatte	Besitzer	wertvollen
schoss	Bogens	weit
achtete	Mann	sicher
betrachtete	Bogen	aufmerksam
sprach	Ebenholz	plump
bist	Oberfläche	ganz
ist	Künstler	glatt
ist	Bilder	schade
abzuhelfen	Bogen	besten
fiel ein	Künstler	ganze
will	Jagd	besser
schnitzen	Bogen	voller
lassen	Bogen	lieber
tat	Jagd	
schnitzte	Mann	
hätte gepasst	Freude	
war	Verzierung	
verdienst	Bogen	
will	Bogen	
ausprobieren		
spannt		
zerbricht		

2 →

Artikel	Pronomen	
der (Besitzer)	dem	ihm
des (Bogens)	er	ich
ein (Mann)	den	das
einen (Bogen)	er	er
den (Künstler)	er	du
den (Bogen)	ihn	diese
der (Künstler)	er	mein
eine (Jagd)	du	er
den (Bogen)	deine	ihn
dem (Bogen)	dem	er
eine (Jagd)		
der (Mann)		
der (Bogen)		

Adverb	Präposition	Konjunktion
sehr, sehr, sehr, einmal, sogleich	aus, mit, auf, in, auf, zu	und, und, aber, als, doch, und, und

3 →

führend, geführt; nachsehend, nachgesehen; rasierend, rasiert; rettend, gerettet; stehend, gestanden; vortragend, vorgetragen; watend, gewatet

4 →

stehende Gewässer; der ruhende Verkehr; bellende Hunde; eine johlende Menge; helfende Hände

5 →

die verkehrte Welt; wie ein begossener Pudel; eine geschlossene Gesellschaft; der bestimmte Artikel; mit verbundenen Augen

6 →

Substantiv	Verb		Adjektiv	
der Unternehmer	plante	eine	neue	Fabrik.
Geschäftsführer	erwarb		alte	
Fabrikant	verkaufte		bankrotte	
Makler	erbaute		veraltete	
Herr Meier	vergrößerte		riesige	

Beispiele für Sätze:
Der Unternehmer plante eine neue Fabrik.
Der Bankier sanierte eine bankrotte Fabrik.
Der Nachbar kaufte eine verfallene Fabrik.

7 →

	Adverbien	Adjektive	
Auf dem Hügel steht ein	ziemlich	baufälliges	Haus.
	besonders	schönes	
	sehr	altes	
	bereits	verkauftes	
	ziemlich	feuchtes	
	wirklich	preiswertes	
	ohnehin	unbewohnbares	

8 →

Sie kauften das Haus(,)

und	verkauften es nach einem Jahr wieder.
aber	konnten es dann nicht bezahlen.
als	der Preis noch niedrig war.
weil	sie das Geld anlegen wollten.
damit	sie im Alter auf dem Land wohnen können.
nachdem	sie die Wohnung in der Stadt verkauft hatten.
obwohl	sie zu wenig Bargeld hatten.
indem	sie einen Kredit aufnahmen.

9 →

Unsere Schule liegt	an	der Straße.
	neben	
	hinter	
	vor	
	in	
	abseits	
Ich arbeite	für	ihn, sie
	ohne	ihn, sie
	mit	ihm, ihr
	bei	ihm, ihr
	gegen	ihn, sie

10 →

Substantiv	Verb	Pronomen	Präposition
Waffen	rief zu	seinem	zu
Bauer	waren	dieser	im
Esel	antwortete	ich	zu
Feinde	sehe ein	mir	von
Anzug	kann	es	
Waffen	sein	wem	
Lasten	gehöre	ich	
Ankunft	muss	wer	
Feinde	tragen	sie	
Stelle	auflegt	mir	
	sprach	er	
	erwartete	sich	
	rühren		

Konjunktion	Adverb	Adjektiv
als	warum	geschwind
warum	nun	gleichgültig
und	einmal	
ohne ... zu	gleichviel	
	so	

11 → a) ein Hinweis; die Farm; der Tiere; (auf) der Farm; die Tiere; (unter) der Führung; der Schweine; den Ausbeuter; der Meinung (sein); der Gewinn; die Farm; die Schweine; die Schweine; (mit) dem Menschen; die Farm; der Tiere
b) folgende Geschichte – die folgende Geschichte; nach erfolgreichem Aufstand – nach dem erfolgreichen Aufstand; mit Hilfe – mit der Hilfe
c) zum (zu einem) Diktator; vom (von dem) Menschen
d) ihrer Arbeit; alle Tiere; seinen Genossen; ihre Genossen
e) (nach) erfolgreichem Aufstand; scharfer Hunde; (auf) zwei Beinen; (ihre) tierischen Genossen

12 →

H<u>ä</u>us<u>er</u>	Führung<u>en</u>	Haus	Führung
Vater<u>s</u>	Fremd<u>en</u>	Vater	Freund
T<u>ü</u>ch<u>er</u>	D<u>ä</u>ch<u>ern</u>	Tuch	Dach

13 →

Weder (ein) Baum noch (ein) Strauch waren weit und breit zu sehen.
Kommt (die) Zeit, kommt (der) Rat.
Mit (den) Blumen kannst du mir viel Freude machen.
Mittags aßen wir (ein) Spiegelei und (einen) Spinat.
Aus (der) Angst vor (einer) Strafe kam er nicht heim.
(die) Bücher, (die) Hefte und (das) Schreibzeug waren im ganzen Zimmer verstreut.
(die) Autos fahren schneller als (die) Fahrräder.
Ich esse gerne (ein) Apfelkompott.

14 →

Heiterkeit	Fahndung
Ängstlichkeit	Wichtigkeit
Dummheit	Neuheit
Rechnung	Schönheit
Frechheit	Ahnung

15 →

Hindernis	Heldentum	Bekanntschaft
Irrtum	Versäumnis	Bereitschaft
Kenntnis	Verwandtschaft	Reichtum
Erlebnis	Freundschaft	Erbschaft
Geständnis	Altertum	Eigentum

16 →

Näher(in), Schneider(in)	Schweißer(in)	Bauer,
	Maler(in)	Bäuerin
Gärtner(in)	Sänger(in)	Dichter(in)
Pfarrer(in)	Schreiner(in),	Verkäufer(in)
Fahrer(in)	Tischler(in)	Programmierer(in)

17 →

Drogist, Drogistin	Polizist, Polizistin
Organist, Organistin	Humorist, Humoristin
Maschinist, Maschinistin	Jurist, Juristin
Komponist, Komponistin	Telefonist, Telefonistin

18 →

Assistent	Dirigent
Produzent	Referent
Präsident	Regent
Student	

19 →

die Verschmutzung der Luft – die Luftverschmutzung
die Belästigung durch Lärm – die Lärmbelästigung
die Schädigung der Gesundheit – die Gesundheitsschädigung
die Verseuchung des Wassers – die Wasserverseuchung
die Ausrottung vieler Pflanzen – die Pflanzenausrottung

20 →

Konkreta	Abstrakta
Tisch	Freude
Herz	Einsicht
Computer	Aufrichtigkeit
Bienenschwarm	Kälte
Schwert	Ehre

21 →

zählbare einzelne Dinge	Sammelbegriffe	Stoffbezeichnungen
Auto	Bevölkerung	Gold
Baum	Geschirr	Milch
Blitz	Getreide	Öl
Fernseher	Publikum	Schnee
Teller	Tierwelt	Wasser

22 →

der Bau; die Spüle; der Ritt; der Sitz; der Strom; das Leid; der Sprung; die Leuchte; die Jagd; das Bett; die Ruhe; der Kauf

23 →

das Haus, unser Haus	nein	der Düsenantrieb, mit Düsenantrieb
der Garten, im Garten	die Straße, auf der Straße	nirgends
schön	ich	der Umweltschutz, für den Umweltschutz
singen	der Skisport, beim Skisport	einrichten
über	siebzehn	der Bundeskanzler, dieser Bundeskanzler
die Frau, meine Frau	der Bahnhof, am Bahnhof	seinesgleichen
aber	laufen	männlich

24 →

Die Flüchtlinge leiden große Not. – die Not
Du bist völlig im Recht. – das Recht
Auf dich kann ich mich verlassen, du bist mein Freund. – der Freund
An diesem Unglück habt ihr keine Schuld. – die Schuld
Sie macht jetzt endlich Ernst. – der Ernst
Trotz der Gefahr hatten wir keine Angst. – die Angst
Er ist ihm trotz seines Verhaltens nicht Feind. – der Feind
Es tut uns Leid, dass Sie vergeblich gewartet haben. – das Leid
In dieser Situation tut rasche Hilfe Not. – die Not
Sie hat Recht, wenn sie sich das nicht länger gefallen lässt. – das Recht

25 →

Der Arzt verordnete ihr diese strenge Diät. – die Diät
Seit ihrer Krankheit lebt sie Diät. – die Diät
Du brauchst keine Bange zu haben! – die Bange
Tiefes Weh erfüllte ihr Herz. – das Weh
Sie starb aus Gram über den Verlust ihrer Familie. – der Gram
Die Firma steht vor dem Bankrott. – der Bankrott
Der Krieg brachte riesiges Leid über die Bevölkerung. – das Leid
Wir ließen seine Warnungen außer Acht. – die Acht
Die Renovierung des Schlosses tut schon lange Not. – die Not

26 →

Die Frau ging ihrer kranken Nachbarin oft zur Hand.
Als Dank für die Hilfe brachte sie ein Geschenk.
Das Gesetz tritt mit Jahresbeginn in Kraft.
Aller Gefahren zum Trotz wagte er den Aufstieg.
Er war immer auf der Seite der Hilflosen.
Im Angesicht des Krieges ist eine Feier nicht angebracht.
Mit Bezug auf Ihren Brief senden wir Ihnen das neueste Angebot.

27 →
Es war ein schöner, frischer Morgen.
Den ganzen Nachmittag saßen wir vor dem Fernseher.
Den Vormittag verbringen wir in der Schule.
Ich wünsche euch noch einen schönen Abend.
Sie isst jeden Mittag bei ihrer Mutter.
Der Kranke verbrachte eine ruhige Nacht.
Die Glocke schlug zur (zu der) Mitternacht.

28 →
gestern Morgen
heute Nachmittag
morgen Vormittag
vorgestern Abend
übermorgen Mittag
gestern Nacht
heute Mitternacht

28 →
der Feierabend – das Abendessen
der Frühlingsmorgen – das Morgengrauen
der Fernsehabend – die Abendnachrichten
die Mondnacht – der Nachtfilm
der Sonntagnachmittag – der Nachmittagsunterricht

29 →
die Sturmnacht – der Nachtsturm
die Gewitternacht – das Nachtgewitter
der Musikabend – die Abendmusik
der Liederabend – das Abendlied
der Diskussionsabend – die Abenddiskussion
der Unterrichtsvormittag – der Vormittagsunterricht

31 →
am Vormittag
gegen Abend
zu Mittag
am Morgen
zu Abend
vom Morgen, zum Abend
im Sommer

32 →
Der letzte Donnerstag vor Ostern wird als Gründonnerstag bezeichnet.
Der Sommer beginnt am 21. Juni, der Winter am 21. Dezember.
Am Freitag hören wir bereits mittags zu arbeiten auf.
Am Samstag sehe ich viele meiner Nachbarn ihr Auto waschen.

33 →
der Donnerstagnachmittag, der Montagmorgen, in einer Spätsommernacht, der Frühlingsabend, am Weihnachtsmorgen, in der Osternacht (und ähnliche Wörter)

34 →
Am Morgen, an einem Morgen
In der Nacht
An einem Abend
An einem Tag
Am Abend
An einem Sonntag

35 →
ein Liter Milch
ein Dutzend Eier
zwei Zentner Getreide
ein Stück Seife
ein Kilo Bananen
eine Packung Zigaretten
eine Flasche Wein
ein Paar Strümpfe

36 →
ein Haufen Steine
ein Stück Torte
eine Portion Eis
eine Tasse Tee
eine Ladung Schotter
eine Tube Senf

37 →

eine Terra incognita	unerforschtes Land
das Fait accompli	vollendete Tatsache
das Fairplay	faires Verhalten
die Alma Mater	Universität

der Swimmingpool	Schwimmbecken
das No-Name-Produkt	neutral verpackte Ware ohne Markennamen
das Rooming-in	gemeinsame Unterbringung von Mutter und Kind im Krankenhaus
die Magna Charta	englisches Grundgesetz von 1215
das Nonplusultra	das höchste Erreichbare

38 → zu Fuß gehen; zu Hilfe kommen; zu Abend essen; außer Atem sein; an die Stelle treten; Treppen steigen; zu Ende bringen; in Brand stecken; in Mode kommen; Spaß machen

39 →

in Flammen aufgehen	verbrennen
zu Grabe tragen	beerdigen
zu Wort kommen	Gelegenheit zum Sprechen erhalten
nicht mehr ganz bei Sinnen sein	etwas Verrücktes tun
zu Rande (zurande) kommen	meistern, bewältigen
zu Rate (zurate) ziehen	um Rat fragen
aufs Spiel setzen	leichtfertig riskieren
zur Stelle sein	im rechten Moment da sein

40 →

Wir waren in Angst wegen des nahenden Gewitters. Wir werden euch über das Ergebnis Bescheid geben. Sie konnten die Maschine nicht in Gang setzen. Die Kollegen nahmen an ihrem Schicksal großen Anteil. Die Haare stehen ihm zu Berge. Wir müssen das Risiko in Kauf nehmen. Die Nachbarin gab ihre Beobachtung vor der Polizei zu Protokoll. Er trägt Sorge für die Ausbildung der Kinder. Für weitere Ratschläge stehen wir gerne zur Verfügung. Die Fahrgäste werden gebeten, den Zugestiegenen Platz zu machen.

41 →

in Form sein	Sportler	die Form, der Sportler
zu Boden schlagen	Gegner	der Boden, der Gegner
Maß nehmen	Schneider	das Maß, der Schneider
unter Druck stehen	Kessel	der Druck, der Kessel
zu Mittag essen	Restaurant	der Mittag, das Restaurant
Feuer fangen	Vorhänge	das Feuer, die Vorhänge
Schlange stehen	Kasse	die Schlange, die Kasse
Musik machen	Popgruppe	die Musik, die Popgruppe

42 →

Wenn du die Straße überquerst, musst du Obacht geben.
Ich werde heute in der Kantine Mittag essen.
Sie werden vor dem Chef Rede stehen für Ihr Vorgehen.
Bevor die Polizei eintraf, haben die Diebe die Flucht ergriffen.
Wir werden die Reparatur so schnell wie möglich ausführen, aber wir können auch keine Wunder wirken.
An der nächsten Raststätte werden wir Halt machen und tanken.
In dieser Gegend sprechen die meisten Leute noch Mundart.
Sie müssen der Vorladung bei der Behörde unbedingt Folge leisten.

43 →

an: an der Zeit sein
auf: auf Besuch sein, auf dem Kopf stehen
außer: außer Kraft setzen
im: im Wege stehen, im Begriff sein
in: in der Nähe sein, in Schach halten, in der Lage sein
ins: ins Gebet nehmen
um: um die Wette laufen
von: von Vorteil sein
zur: zur Schau stellen, zur Seite treten, zur Neige gehen

44 →

in Blüte stehen
zu Berge stehen
vor Anker liegen
zu Fuß gehen
in Beschlag nehmen
in Betracht ziehen
in Betrieb setzen
unter Beweis stellen
in Brand stecken
zu Fall bringen
in Frage (infrage) kommen
zu Ende sein
in Gang halten
zu Gemüte führen

45 →

außer Sicht kommen
in Kraft treten
in Mode kommen
in Schach halten
in Misskredit bringen
in Mitleidenschaft ziehen
zu Rate (zurate) ziehen
zu Protokoll geben
zu Markte tragen
zu Mittag essen
zur Neige gehen
zur Schau stellen

46 →

aufs Tapet bringen
im Stich lassen
im Verzug sein
in Verruf bringen
in Verfall geraten
in Umlauf geben
vom Stapel gehen
von Sinnen sein
zu Wort kommen
zu Tisch gehen
zum Vorschein kommen
zur Strecke bringen

47 →

im Hinblick auf
mit Hilfe (mithilfe) von
nach Maßgabe von
im Gefolge von
in Gegenwart von
auf Kosten von
von Kind auf
in Hinsicht auf

48 →

in Angriff / Beschlag / Kauf nehmen
zu Hilfe / Ohren / Rande (zurande) kommen
zu Ende / Fall / Papier / bringen
von Vorteil / Übel / Sinnen sein

49 →

Ein längerer Urlaub kommt für mich nicht in Frage (infrage).
Die Reporter nahmen den Sieger sofort in Beschlag.
Wir mussten diese Nachteile in Kauf nehmen.
Seine Unschuld konnte eindeutig unter Beweis gestellt werden.
Bei den Grabungsarbeiten kamen einige wertvolle Funde zum Vorschein.
Es sind falsche Banknoten in Umlauf.

50 →

Du hast mich zu Unrecht verdächtigt.
Diesem Politiker ist durch die Presse Unrecht geschehen.
In diesem Fall bist du im Unrecht.
Im öffentlichen Leben ist es oft schwer, zwischen Recht und Unrecht zu unterscheiden.
Wenn du ein Unrecht getan hast, musst du versuchen es gutzumachen.
Wenn du deine Gegner so beschimpfst, setzt du dich ins Unrecht.

51 →

Es war das letzte Mal, dass ich dich ermahnt habe.
Für dieses eine Mal will ich noch Nachsicht üben.
Die Begeisterung ließ von Mal zu Mal nach.
Das habe ich schon so manches liebe Mal gedacht.
Wie viele Male hast du den Text wiederholt?
Deine Leistung wird von Mal zu Mal besser.

52 →

Erst nähere Untersuchungen werden ergeben, wer an dem Unfall die Schuld trägt.

Jetzt hat er einen Sündenbock gefunden, dem er die Schuld zuschieben kann.
Du brauchst dich nicht zu entschuldigen, das war meine Schuld.
Ich bin mir keiner Schuld bewusst.

53 →
Nach der Schulzeit beginnt der Ernst des Lebens.
Hast du das im Ernst behauptet?
Wenn alle Mahnungen nichts nützen, müssen wir Ernst machen.
Ich scherze nicht, es ist mir völliger Ernst damit.
Achte auf seine Worte, es ist sein bitterer Ernst.
Die Arbeit beginnt, jetzt wird es Ernst.

54 →
Merkmale für Substantive:
Artikel (ein Recht auf etwas haben),
Präposition (auf sein Recht pochen, im Recht sein usw.),
ein Artikel kann dazugedacht werden (Recht sprechen, fordern),
eine Fallendung ist deutlich erkennbar (von Rechts wegen).

55 →

zu etwas berechtigt sein	ein Recht auf etwas haben
gebührend berücksichtigt werden	zu seinem Recht kommen
Gerichtsurteile fällen	Recht sprechen
nachdrücklich auf etwas bestehen	auf sein Recht pochen

56 →
Mir <u>wird</u> <u>angst</u>.
Es <u>steht</u> <u>ernst</u> um sie.
Das <u>ist</u> uns ganz <u>recht</u>.
Du <u>bist</u> <u>schuld</u>.
Das <u>ist</u> <u>schade</u>.
Die Firma <u>ist</u> <u>bankrott</u>.

57 →

Ihre Lage ist beunruhigend.	Es steht ernst um sie.
Leider.	Das ist schade.
Ich fürchte mich.	Mir wird angst.
Das ist für uns ganz günstig.	Das ist uns ganz recht.
Du bist die Ursache.	Du bist schuld.
Die Firma ist zahlungsunfähig.	Die Firma ist bankrott.

58 →
Mir wird ganz angst, wenn ich an die nächste Prüfung denke.
Bei diesem Geräusch wird mir bange.
Weil sie uns versetzt hatte, sind wir ihr lange gram geblieben.
Ich bin es leid, dir immer dasselbe sagen zu müssen.
Seit das Exportgeschäft zusammengebrochen ist, ist die Firma pleite.
Er ist schuld an dem Unglück.

59 →
sonntags
mittags
feiertags

60 →
Die Proben finden vormittags, mittags statt.
Dafür hat er nachmittags Zeit.
Sie spielen abends die Vorstellung.
Er fährt morgens das erste Mal ins Theater.
Er diskutiert nachts mit Kollegen.
Er lernt nachmittags die Rollen.

61 →
Ich komme immer erst spät abends nach Hause.
Sie steht von morgens bis abends hinter der Theke.
Ich kann abends immer schwer einschlafen.
Die Theatervorstellungen beginnen um acht Uhr abends.
Am Dienstag läutete mein Wecker morgens nicht.
Morgen gibt es abends im Fernsehen einen interessanten Film.

62 →
Ich komme morgen um 4 Uhr zu dir.
Am Morgen geht der erste Bus um 6 Uhr.
So ein schöner Morgen!
Hast du die Aufgaben für morgen schon gemacht?
Unsere Vereinsversammlung ist morgen Abend.

63 →

Die neue Erfindung versprach anfangs ein Erfolg zu werden.
Ich weiß nicht, was tags darauf geschah.
Der Vortragende wies eingangs auf die Notwendigkeit der Mülltrennung hin.
Ich ließ mir die Telefonnummer geben, habe sie aber augenblicks wieder vergessen.
Er geht sommers wie winters zu Fuß.
Die Batterie hält bestenfalls ein Jahr.
Und rings um die Burg führt ein Wassergraben.
Der Präsident überbrachte Glückwünsche namens des Vereinsvorstands.
In dieser Gegend wird seit alters die bunte Festtagstracht getragen.
Sie kannte zeitlebens nur Not und Sorge.

64 →

im gleichen Fall – gleichfalls
der Notfall – notfalls
der geringste Fall – geringstenfalls
auf jeden Fall – jedenfalls
auf keinen Fall – keinesfalls
im gegebenen Fall – gegebenenfalls

65 →

Wenn alle helfen, sollst du nicht abseits stehen.
Der Betrüger konnte die Beweise rechtzeitig beiseite schaffen.
Bestehen deinerseits noch Fragen zu diesem Vertrag?
Er war ein sparsamer Mensch und hatte eine hübsche Summe beiseite gelegt.
Wir legten das Boot längsseits am Ufer an.
Hochwasserdämme sind beiderseits des Flusses angelegt.

66 →

allzeit	immer
beizeiten	rechtzeitig
zeitlebens	während des ganzen Lebens
derzeit	jetzt
seinerzeit	damals
vorzeiten	vor langer Zeit
zuzeiten	zu gewissen Zeiten

67 →

im Vergleich zu etwas anderem – vergleichsweise
als Versuch – versuchsweise
zum Glück – glücklicherweise
vielleicht, es ist möglich – möglicherweise
in Mengen von Litern – literweise
in gleicher Weise – gleicherweise
obwohl er mir unbekannt ist – unbekannterweise
was ganz erstaunlich ist – erstaunlicherweise

68 →

das erste Mal – erstmals
oft – oftmals
noch einmal – nochmals
viele Male – vielmals
die vorigen Male, früher – vormals
mehrere Male – mehrmals
wieder – abermals
das letzte Mal – letztmals
nie – niemals

69 →

das eine Mal – einmal
hunderte Male – hundertmal
ein einziges Mal – einmal
ein anderes Mal – ein andermal
dieses Mal – diesmal
kein einziges Mal – keinmal
12-mal – zwölfmal
so manches Mal – manchmal

70 →

Jetzt ist die Wohnung wieder einigermaßen sauber.
Weil kein Taxi zu erreichen war, sind sie gezwungenermaßen zu Fuß nach Hause gegangen.
Wir haben das Spiel verdientermaßen verloren.
Ich erkläre dir das Gerät. Es funktioniert folgendermaßen:
Er vertritt bei ihm gewissermaßen die Stelle der Eltern.

71 →

Die Straße war wegen des Hochwassers gesperrt.

Der Bau wurde trotz der schlechten Witterung rechtzeitig fertig.
Sie ging statt ihres Kollegen zum Telefon.
Sie gab des lieben Friedens willen nach.
Der Verunglückte konnte dank des Einsatzes der Rettungsmannschaften geborgen werden.
Das werde ich zeit meines Lebens nicht vergessen.

72 →

Der Wagen wurde mittels einer Hebebühne gehoben.
Der Angeklagte wurde mangels Beweisen freigesprochen.
Bisher wurde seitens der Direktion nichts unternommen.
Der Flugverkehr wurde angesichts der Unruhen eingestellt.
Dem Jubilar wurden namens der Geschäftsleitung Glückwünsche überbracht.

73 →

Bis jetzt erging vonseiten (von Seiten) der Behörde noch keine Antwort.
Die Bergsteiger gerieten infolge eines Wintereinbruchs in Lebensgefahr.
Wegen der Marktregelung herrscht aufseiten (auf Seiten) der Bauern große Erbitterung.
Das Kind lag inmitten der Koffer und Taschen und schlief.
Den letzten Meldungen zufolge ist er verunglückt.

74 →

Der Präsident kann kraft seines Amtes die Regierung entlassen.
Die Einfuhr von Tieren ist laut Gesetz verboten.
Die Reisenden wurden zwecks Feststellung der Personalien angehalten.
Ihrem Gesuch betreffs Verlängerung der Zahlungsfrist wird stattgegeben.

75 →

Dieses bisschen Kuchen wirst du mir doch gönnen?
Ich gehe mit dir ins Theater, falls wir noch Karten bekommen.
Wir hatten teils Regen, teils Sonnenschein.
Ein paar Minuten kannst du wohl noch warten.

76 →

Wir geben das Geheimnis auf keinen Fall preis.
Nehmt ihr an dem Fest teil?
Die Feier findet bei jedem Wetter statt.
Er führte die Polizei durch falsche Angaben irre.
Sie macht ihre geringe Begabung durch besonderen Fleiß wett.
Es nimmt mich wunder, dass du diesmal rechtzeitig gekommen bist.
Der Damm hält allen Stürmen stand.

77 →

Die Brücke hat sogar dem Erdbeben standgehalten.
Dem Gesuch wurde nicht stattgegeben.
Unsere Großmutter hat an allen Freuden der Familie teilgehabt.
Es hat mich nicht im Geringsten wundergenommen, dass er die Verabredung vergessen hat.

78 →

Du kannst mit mir im Auto heimfahren.
Gott hat ihn nach langem Leiden heimgeholt.
Das habe ich ihm jetzt aber heimgezahlt!
Ist Thomas schon heimgegangen?
Das Volk wurde von Krieg und Seuchen heimgesucht.
Wegen eines Todesfalles sind wir eine Woche früher heimgereist.
Kennst du den Weg? Findest du alleine heim?
Mein Großvater ist erst lange nach Kriegsende heimgekehrt.
Ich komme so spät, weil ich einen Blinden heimgeführt habe.
Der Bauer hat noch vor dem Gewitter das Heu trocken heimgebracht.

79 →

Infinitiv	1. Person Präsens	Partizip II
Kegel schieben	ich schiebe Kegel	ich habe Kegel geschoben
Rad fahren	ich fahre Rad	ich bin Rad gefahren
Maschine schreiben	ich schreibe Maschine	ich habe Maschine geschrieben
Rad schlagen	ich schlage Rad	ich habe Rad geschlagen
Not leiden	ich leide Not	ich habe Not gelitten
Kopf stehen	ich stehe Kopf	ich habe Kopf gestanden
Folge leisten	ich leiste Folge	ich habe Folge geleistet
Maß halten	ich halte Maß	ich habe Maß gehalten
Diät leben	ich lebe Diät	ich habe Diät gelebt
Eis laufen	ich laufe Eis	ich bin Eis gelaufen

80 →

Er hörte ein verdächtiges Flüstern.
Ein Summen erfüllte den Saal.
Es war ein ständiges Kommen und Gehen.
Ihm ist das Lachen vergangen.
Sie war dem Weinen nahe.
Bis spät in die Nacht hinein hörte man das Hämmern und Sägen.
Das Wandern ist des Müllers Lust.
Ist das Rauchen hier gestattet?
Er tat so, als hätte er das Sprechen verlernt.
Ihr macht das Arbeiten mit Computer jeden Tag mehr Spaß.

81 →

Ein Raunen ging durch die Menge.
Das Lesen macht ihr keine Schwierigkeiten mehr.
Ich bin mit dem Ausfüllen des Fragebogens schon lang fertig.
Ich spürte ein Stechen in der Herzgegend.
An das Tosen des Wildbachs müssen sich die Urlauber schon gewöhnen.
Das Schwimmen macht ihr am meisten Spaß.
Das Rattern und Lärmen vor unserem Fenster wird langsam unerträglich.
Die Mitwisser haben endlich ihr Schweigen gebrochen.
Ihr gibt das Musizieren mehr als das Fernsehen.

82 →

Hier ist das Halten verboten. Nur das Aussteigen und Einsteigen sowie das Beladen und Entladen sind erlaubt.
Hier ist das Überholen verboten. Nur das Überholen eines Traktors ist erlaubt.
Hier ist das Abbiegen nach links verboten, das Abbiegen nach rechts und das Geradeausfahren ist erlaubt.
Hier ist das Wechseln der Fahrspur wegen Bauarbeiten vorgeschrieben.
Das Überschreiten der Geschwindigkeit von 80 km/h ist verboten.

83 →

Das Rauchen im Wartezimmer ist verboten!
Das Berühren der Leitungen ist verboten!
Das Lärmen vor dem Krankenhaus ist verboten!
Das Essen während der Schulstunde ist verboten!
Das Öffnen der Tür während der Fahrt ist verboten!
Das Baden ist an dieser Stelle verboten.
Das Mitbringen von Hunden ist verboten!
Das Parken in der Einfahrt ist verboten!
Das Abspringen vom fahrenden Wagen ist verboten!

84 →

das Vermindern des Verkehrslärms –
die Verminderung des Verkehrslärms
das Bestrafen von Verursachern von Umweltschäden – die Bestrafung ....
das Messen der Abgase –
die Messung ....
das Verringern der Müllmengen –
die Verringerung ....
das fachgerechte Entsorgen des Sondermülls – die fachgerechte Entsorgung ....

85 → Wir hörten:
das Ertönen der Glocke
das Schlagen der Uhr
das Zischen des Ventils
das Knarren der Treppe
das Grollen des Donners
das Heulen der Sirene
das Dröhnen der Motoren
das Plätschern des Brunnens
das Kreischen der Kreissäge

86 →
Das Grollen des Donners macht mir Angst vor Gewittern.
Das Plätschern der Brunnen erinnert mich an den Urlaub in den Bergen.
Von der Werkstätte herüber hört man das Kreischen der Kreissäge.
Das Zischen der Ventile im Maschinenraum erschreckte die Arbeiter.
Gleich nach dem Heulen der Sirene rückte die Feuerwehr aus.
Dieses Knarren der Treppe erinnert mich an eine Gespenstergeschichte.
Unter dem Dröhnen der Motoren starteten die Rennwagen.

87 → beim Grollen des Donners
beim Plätschern der Brunnen
beim Kreischen der Kreissäge
beim Zischen der Ventile
beim Heulen der Sirenen
beim Knarren der Treppe
beim Dröhnen der Motoren

88 →
Ich bemerkte das Zittern ihrer Hand.
Ich hoffe auf das Aufhören der Kämpfe.
Wir rochen das Austreten des Gases.
Ich sah das Aufziehen eines Gewitters.
Siehst du das Flimmern der Ölbäume?

89 →
Sein ständiges Schimpfen geht mir auf die Nerven.
Ich muss mich erst an ihr Lachen gewöhnen.
Man beklagte sich schon über euer lautes Musizieren.
Ich war auf sein Wüten und Toben nicht gefasst.
Mein Ermahnen war völlig nutzlos.
Die Veranstalter dankten dem Künstler für sein Kommen.
Sein Zaudern lässt ihn die besten Möglichkeiten verpassen.
Für Ihr pünktliches Erscheinen danken wir herzlich.

90 →
Das Spielen auf der Straße ist gefährlich.
Das Baden in diesem schmutzigen Fluss ist nicht ratsam.
Das Hinauslehnen aus dem Fenster ist gefährlich.
Das Berühren der Ausstellungsstücke ist verboten.
Das Befahren des Weges ist nicht gestattet.
Das Überschreiten der Gleise ist verboten.
Das Wiederholen der schwierigen Übungen ist sehr nützlich.
Das Hantieren mit offenem Feuer in der Maschinenhalle ist bei Strafe verboten.

91 →
Vor dem Aufstellen eines Zeltes soll man einen sicheren Platz suchen.
Beim Einsteigen in den Bus musst du die Fahrkarte vorweisen.
Beim Erscheinen des Stars auf der Bühne tobte die Menge.
Vor dem Öffnen des Gerätes muss man den Netzstecker ziehen.
Beim Überqueren der Straße musst du auf den Verkehr achten.
Beim Platzen des Luftballons gab es einen lauten Knall.
Zum Einprägen des Textes könnt ihr ihn auf Tonband sprechen.
Trotz genauen Aufpassens ist mir der Vogel entwischt.
Immer beim Telefonieren hüpft mir die Katze auf die Schulter.

92 →
Sie hat genug vom Lernen.
Sie hat genug vom Fernsehen.
Sie hat genug vom Stricken.
Sie hat genug vom Tanzen.
Sie hat genug vom Reiten.
Sie hat genug vom Klettern.

93 →
Den Pflug brauche ich zum Ackern.
Den Staubsauger brauche ich zum Staubsaugen.
Die Wolle brauche ich zum Stricken.
Die Schere brauche ich zum Basteln.
Die Lampe brauche ich zum Lesen.

94 →
Wanderschuhe sind Schuhe zum Wandern.
Ein Lexikon ist ein Buch zum Nachschlagen.
Ein Mikroskop ist ein Gerät zum Betrachten von sehr kleinen Dingen.
Schlittschuhe sind Schuhe zum Eislaufen.
Ein Schulbuch ist ein Buch zum Lernen.
Ein Mikrofon ist ein Gerät zum Übertragen von Tönen auf Lautsprecher oder Tonbandgeräte.
Ein Kontaktkleber ist ein Mittel zum schnellen Kleben.
Ein Bilderbuch ist ein Buch zum Anschauen von Bildern.
Ein Mikrowellenherd ist ein Gerät zum Auftauen und Garen von Speisen in sehr kurzer Zeit.

95 →
Gibt es hier eine deutsche Zeitung zu kaufen?
Er bekam vom Arzt Tropfen zum Einnehmen.
Zu diesem Punkt hat er nichts zu vermerken.
Ich brauche eine Münze zum Telefonieren.
Zum Rudern gehört viel Kraft.
Wir lassen uns nicht zweimal zum Essen auffordern.
Du hast keinen Grund, dich zu beklagen.
Zum Gießen der Blumen verwendet sie nur Regenwasser.
Hast du etwas zu trinken?
Alle halfen mit die Flüchtlinge zu versorgen.

96 →
auf Anraten des Arztes
auf Betreiben der Elternvertretung
auf Biegen und Brechen
nach eigenem Ermessen
sich zum Gehen anschicken
ins Stocken geraten
am Verhungern sein

97 →
ganz nach Ihrem Belieben
auf Ersuchen der Behörden
wider Erwarten
zu Schaden kommen
im Schwinden begriffen sein
ins Verderben stürzen
ohne Zögern
ohne Zutun

98 →
Ich hörte das Quietschen der Bremsen.
Das Schreiben langer Briefe ist nicht seine Stärke.
Das ist die Rechnung für Waschen und Polieren des Wagens.
Seine Aufgabe ist das Betreuen des Gartens.
Das Beantworten fremdsprachiger Briefe macht ihr keine Schwierigkeit.
Es werden Freiwillige für das Verteilen der Flugblätter benötigt.

99 →
Er hat sich beim Radfahren verletzt.
Er hat sich beim Beerensuchen verletzt.
Er hat sich beim Florettfechten verletzt.
Er hat sich beim Mopedfahren verletzt.
Er hat sich beim Handballspielen verletzt.

100 →
Bei dem heutigen Verkehr ist das Autofahren kein Vergnügen mehr.
Das Klavierspielen erfordert viel Zeit zum Üben.
Am meisten stört mich das Schlangestehen vor der Kasse.
Der Weg durch die Zuschauerreihen war ein einziges Spießrutenlaufen.
Er findet das Zigarrenrauchen weniger schädlich als das Zigarettenrauchen.

Er hat sich beim Tennisspielen eine Sehne gezerrt.
Das Disziplinhalten fällt manchem Schulanfänger noch sehr schwer.
In ihrer Jugend, als sie Bälle besuchte, hat sie das Walzertanzen gelernt.
Nach der Krankheit hat er sich ein Gerät zum Blutdruckmessen angeschafft.
Für die Kinder der Wohnsiedlung wurde ein Platz zum Fußballspielen angelegt.
In einem Volkstanzkurs hat sie das Polkatanzen gelernt.
Weil das Rätselraten ihr liebster Zeitvertreib ist, haben wir ihr ein Rätselbuch geschenkt.

101 →
Das Abhandenkommen dieser Schriftstücke ist sehr verdächtig.
Das Vorhandensein einer Tonanlage erleichtert die Veranstaltung des Konzerts.
Sein dauerndes Rechthaben macht ihn in der Klasse unbeliebt.
Vor dem Schlafengehen sehe ich mir die Abendnachrichten im Fernsehen an.
Durch Unrechttun wird kein anderes Unrecht beseitigt.
Das ist zum Verrücktwerden!

102 →
das Außerstandesein
das Zutagetreten
das Instandhalten
das Zustandebringen

103 →
Ein Sichaussprechen wäre für viele Menschen heilsam.
Ein weiteres Sichabmühen hat hier gar keinen Sinn.
Ein Sichbeschweren ist in diesem Fall aussichtslos.
Ein Sichverletzen ist bei diesem Gerät undenkbar.
Der Plan sollte schon weiter reichen als zu einem bloßen Sichvornehmen.

104 →
Ihm als aktiven Menschen liegt dieses In-den-Tag-hinein-Leben nicht.
Das Von-der-Hand-in-den-Mund-Leben kennt er von Jugend an.
Es ist zum Aus-der-Haut-Fahren!
Dein Auf-die-lange-Bank-Schieben wird dich noch teuer zu stehen kommen.
Für sein An-den-Haaren-Herbeiziehen von Problemen ist er berüchtigt.
Mit ihrem In-Verzückung-Geraten wirkt sie langsam lächerlich.
Der Kapitän hat das Vor-Anker-Gehen des Schiffes im Heimathafen nicht mehr erlebt.
Ein Sich-aussprechen-Können war in seinem Elternhaus nicht möglich.
Erst das Sich-verstanden-Fühlen schafft das Vertrauen für ein Gespräch.
Ein besonderes Sich-in-Acht-Nehmen ist bei diesen Leuten wirklich unbegründet.

105 →
Die Aufforderung, Krawatte zu tragen, ist kein absolutes Muss.
Das Lebehoch galt dem Jubilar.
Diesen Habenichts will sie nicht als Schwiegersohn akzeptieren.
Mit einem Strauß Vergissmeinnicht marschierten die Kinder zur Gratulation.
Das Soll wurde nur von wenigen erfüllt.
Dieser Tunichtgut fährt ständig mit seinem lauten Moped durch die Gasse!

106 →
Die Neue kommt aus Frankreich.
Die Jungen können das nicht verstehen.
Die Ehrlichen sind oft die Dummen.
Der Alte arbeitet noch täglich im Garten.
Ein Betrunkener torkelte aus der Schenke.
die Kluge
eine Blinde
die Schönen
ein Reicher
das Neueste

107 →
Das Gefährliche vermeide ich lieber.
Das Faule wird weggeschnitten.
Der Fröhliche ist bei anderen Leuten gern gesehen.
Die Müden sollen zu Bett gehen.

Der Besonnene stürzt sich nicht in ein solches Abenteuer.
Das Preiswerte ist nicht immer das Beste.
Das Verbotene ist für viele am interessantesten.
Die Übergewichtigen sollen sich mehr Bewegung verschaffen.
Alles für die Radtour Nötige nehmen wir mit.
Alles irgendwie Brauchbare nahm er mit nach Hause.

108 →

Dem Mutigen gehört die Welt.
Am Abend wird der Faule fleißig.
Der Klügere gibt nach.
Dem Glücklichen schlägt keine Stunde.
Unter den Blinden ist der Einäugige König.
Freie Bahn dem Tüchtigen.

109 →

beim Alten lassen	nicht verändern
im Argen liegen sein	in Unordnung
zum Besten halten	zum Narren halten
im Dunkeln tappen	noch keine Informationen haben
auf das Gleiche herauskommen	dasselbe Ergebnis haben
sich im Klaren sein	genau wissen, kennen
den Kürzeren ziehen	der Unterlegene sein
auf dem Trockenen sitzen	in Verlegenheit sein
im Trüben fischen	Vorteile aus einer unklaren Lage ziehen
nicht zum Besten stehen	sich in schlechter Lage befinden

110 →

Am Sonntag versammelte sich Arm und Reich gemeinsam in der Kirche.
Er ist beliebt bei Alt und Jung.
Gleich und Gleich gesellt sich gern.
Bei unserem Schulfest gab es für Groß und Klein lustige Spiele.
Die Pest traf Hoch und Niedrig in gleicher Weise.

111 →

Es ist immer das Gleiche.	Diese Vorgangsweise ist schon bekannt.
das Weite suchen	sich eilig entfernen
eine Fahrt ins Ungewisse	eine Fahrt ohne sicheres Ziel
aus dem Gröbsten heraus sein	das Schlimmste überstanden haben
sein Bestes geben	so gut machen, wie man es kann
das Ärgste befürchten	das schlimmstmögliche Ende befürchten
ins Leere starren	starr ohne bestimmtes Ziel blicken
etwas zum Guten lenken	einen glücklichen Ausgang herbeiführen
Im Dunkeln ist gut munkeln.	Im Schutze der Dunkelheit kann man leicht intrigieren.
am Alten hängen	an seit alters Überliefertem festhalten

112 →

Die ganze Sache hat auch ihr Gutes.
Mich fasziniert dieses Graziöse an ihren Bewegungen.
Unser Bester konnte wegen einer Verletzung nicht starten.
Die Aufständischen ballten ihre Linke zur Faust.
Unsere Älteste interessiert sich sehr für Biologie.
Seit der Auswanderung hat er seine Lieben nicht wieder gesehen.
Dieses Verstörte an seinem Blick beunruhigt mich.
Mich fasziniert dieses Großzügige an dem Bauwerk.
Du wolltest mich offenbar hineinlegen, mein Teuerster.
Euer Großer kümmert sich sehr um die jüngeren Geschwister.

113 →

Die Angestellten der Firma sollen besser geschult werden.
Ich möchte das Bisherige zusammenfassen.
Das oben Erwähnte gilt auch für alle anderen Fälle.

Die Gefangenen wurden in einem Lager untergebracht.
Das Gemälde zeigt die Geliebte des Fürsten.
Das Nähere wird sich finden.
Sie hat in all den Jahren sehr Schweres erlebt.
Die Umstehenden bemühten sich um die Verletzten.
Könnten Sie das Vorige nochmals wiederholen?
Alle seine Verwandten sind bereits verstorben.
In den nächsten Tagen folgt Weiteres.

114 →

Wir traten in aller Frühe die Reise an.
Wir können auf das Getane stolz sein.
Wir haben über das Nachfolgende bereits gesprochen.
Du sollst nicht Gleiches mit Gleichem vergelten.

115 →

Sie liebt das unendlich Weite dieser Marschlandschaft.
Das höchst Eigenartige an der Sache war, dass niemand informiert wurde.
Das über die Maßen Tragische an der Angelegenheit ist, dass er auch nicht mehr in die Heimat zurückkann.
Das von uns so lang Ersehnte wurde doch noch Wirklichkeit.
Die Zahl der im Straßenverkehr Verunglückten ist auch in diesem Jahr wieder gestiegen.
Die auf diese Weise Eingeschüchterte wagte nicht mehr zu widersprechen.
Das von uns schon lange Behauptete hat sich als wahr erwiesen.
Wir werden das in unserer Macht Stehende tun, um Ihnen zu ihrem Recht zu verhelfen.

116 →

Seine dunklen Geschäfte konnten nicht im Verborgenen bleiben.
Sie redeten über dieses Problem bis ins Unendliche.
Sie sagte zwar nichts, aber im Stillen dachte sie ihr Teil.
Somit hätten wir dieses Kapitel im Wesentlichen abgeschlossen.

117 →

Sie war bis zum Äußersten erregt und konnte kaum sprechen.
Auf der neuen Bahnlinie fährt man um ein Beträchtliches schneller als mit dem Auto.
Die Lebenshaltungskosten sind um ein Bedeutendes gestiegen.
Sie hat die Reise bis ins Kleinste geplant.

118 →

bis ins Einzelne	im Bisherigen
im Geheimen	im Einzelnen
im Wesentlichen	im Besonderen
aufs Neue	im Ganzen
im Stillen	

119 →

Das ist bereits im Obigen dargelegt worden.
In dieser Straße gibt es im Allgemeinen wenig Unfälle.
Der Zeuge hat die Vorfälle bis ins Einzelne geschildert.
Im Einzelnen kann ich jetzt nicht darauf eingehen.
Er war im Ganzen dreimal hier.

120 →

Wir möchten Ihnen Folgendes mitteilen:
Alle Folgenden werden nicht mehr abgefertigt.
Mit Folgendem teilen wir Ihnen mit, dass ......
Im Folgenden werden die Gründe für diese Maßnahme angeführt.

121 →

Im Ganzen gesehen war das Unternehmen ein Erfolg.
Im Geheimen wünschte sie, sie wäre zu Hause geblieben.
Auch die neue Direktion hielt sich im Wesentlichen an die früheren Vereinbarungen.

122 →

Die beiden haben erst vor kurzem geheiratet.
Man hörte von fern das Läuten der Kuhglocken.
Der Vertrag wird bis auf weiteres verlängert.
Schon von klein auf hat sie sich für das Klavierspiel begeistert.
Die Ware wird nur gegen bar geliefert.
Der Termin steht schon seit langem fest.
Der Minister bekräftigte von neuem seine Bereitschaft zur Reform.

123 →

Das ist ohne weiteres möglich.
Schon von weitem sind die Atommeiler zu sehen.
Das ist noch bei weitem nicht alles, was es bei uns zu sehen gibt.
In Informatik ist er bei weitem der Beste.

124 →

nichts Besonderes	etwas Gutes
alles Schöne	wenig Interessantes
etwas Gebräuchliches	nichts Überragendes
wenig Erfreuliches	etwas Ähnliches
viel Neues	alles Essbare
manches Überflüssige	genug Falsches
mancherlei Wissenswertes	nichts Wichtiges

125 →

Sie fand in der Bibliothek nichts Lesenswertes.
Wir haben in diesem Krieg genug Grausames gesehen.
Er war von vornherein gegen alles Gemäßigte.
Bei der ganzen Blödelei kam nichts Geistreiches heraus.
Alles Gesagte muss geheim bleiben.
Thomas ist krank und muss im Bett bleiben, aber es ist nichts Ansteckendes.
Kannst du mich etwas Leichteres fragen?
In seine Geschichten verpackte er gern allerlei Geheimnisvolles.
Steht etwas Neues in der Zeitung?

126 →

Zu deinem Geburtstag wünsche ich dir alles Gute.
Sie konnte in dem Geschäft nichts Passendes finden.
So etwas Teures hättest du nicht kaufen sollen.
Im ganzen Haus war nichts Essbares zu finden.
Er konnte in dem Laden wenig Brauchbares finden.
In ihrer Arbeit im Krankenhaus hat sie manches Traurige erlebt.
Die Führerin hat uns viel Interessantes gezeigt.
Sie schob alles Belastende von sich.

127 →

Es gibt kaum etwas für die Umwelt Schädlicheres als die Autoabgase.
Ich möchte dir unter vier Augen etwas für dich sehr Wichtiges sagen.
Um das Haus zu bauen, mussten sie vieles für sie sehr Mühsames in Kauf nehmen.
Er hat in seinem Leben nichts Großes zuwege gebracht.
Die Touristen haben nichts Aufregenderes erlebt als den Stierkampf.
Es gibt für die Menschheit wohl nichts Furchtbareres als ein Großunglück in einem Atomkraftwerk.
Wir mussten bei der Kontrolle allerlei Unrechtes bemerken.

128 →

alles erdenklich Gute
alles unbedingt Nötige
wenig wirklich Wichtiges
nichts besonders Sehenswertes
alles für unsere Reise Unentbehrliche
genug in seinem Beruf Erreichtes
etwas immer wieder Verschobenes
allerlei sehr Erstaunliches
manches weniger Wichtige

129 →

Ich wünsche dir alles erdenklich Gute.
Wir liefern Ihnen vorerst alles unbedingt Nötige.

In der Sitzung wurde wenig wirklich Wichtiges besprochen.
In der Ausstellung fand ich nichts besonders Sehenswertes.
In dieser Tasche findet sich alles für unsere Reise Unentbehrliche.
Für seine Bewerbung kann er genug in seinem Beruf Erreichtes vorweisen.
Es musste etwas immer wieder Verschobenes vorgezogen werden.
Von der Reise konnte er allerlei sehr Erfreuliches berichten.
Aus Zeitmangel wurde manches weniger Wichtige verschoben.

130 →

Für Absurdes ist er immer zu haben.
Wir hatten noch Wichtiges zu besprechen.
Man muss immer mit Unvorhergesehenem rechnen.
Für Kulturelles zeigt er kein Interesse.
Sie kocht lieber Gegrilltes als Gebackenes.
Das nur mündlich Vereinbarte kannst du schwer beweisen.
In der Praxis Gelerntes vergisst man nicht.
Heute sind Arbeitslose über 50 schwer zu vermitteln.

131 →

Sie setzte sich für Arme und Kranke ein.
In unserer Siedlung bilden Alte und Junge eine Gemeinschaft.
Damals galten Arme und Reiche als vor Gott gleich.
Bei Großen und Kleinen herrschte dieselbe freudige Aufregung.
Es konnten Schuldige und Unschuldige nicht mehr unterschieden werden.
Sie können von uns Mögliches und Unmögliches verlangen.

132 →

das Rot seiner Wangen
das Braun ihrer Haut
das Lila ihres Kleides
das Rot der Tinte
das leuchtende Gelb der Blüte
das tiefe Schwarz des Vorhangs
das glänzende Weiß des Autos
das modische Grün ihrer Kleidung

133 →

Dieses Blau erinnert mich an die Adria.
Die vorherrschende Farbe ist ein schmutziges Gelb.
Das Ziegelrot der Häuser ist typisch für diese Gegend.
Das Zimmer ist in Hellblau gehalten.
Das Braune auf dem Bild soll ein Pferd sein.
Ist das Weiße, das dort am Horizont auftaucht, ein Segelboot?
Das Beige ihrer Handtasche passt nicht zum entsetzlichen Grasgrün ihres Kleides.
Seine Vorliebe für Marineblau ist bekannt.
Die Fahne hat die Farben Blau und Weiß.
Die Farbe des Bildes spielt ins Blaugraue hinein.

134 →

das tiefe Schwarz der Nacht
das schmutzige Grau des Wassers
das leuchtende Rot der Abendsonne
das saftige Grün der Wiesen
das blasse Blau des Himmels
das helle Grün der Blätter
das dunkle Rot der Rosen
das blendende Weiß des Lichts

135 →

Sie legte etwas Rot auf.
Die Verkehrsampel steht auf Grün.
Bei Gelb musst du anhalten.
Wir machen eine Fahrt ins Blaue.
Ich habe nur noch eine Maschine Buntes, dann ist alles gewaschen.
Wir freuten uns zu Ostern über das erste Grün.
Die Roten haben die Wahl gewonnen.
Wegen des Begräbnisses ging sie in Schwarz.

136 →

Vorschläge für Lösungen:
Seinen Namen spricht man französisch so aus. – wie?
Er antwortet in einem gebrochenen Englisch. – in was? – in gebrochener englischer Sprache
Ihr Italienisch ist noch sehr lückenhaft. – was? – ihre Sprachkenntnisse
Die Gebrauchsanweisung ist in deutscher und englischer Sprache abgefasst. – wie? – in verständlicher Sprache
Ich verstehe weder Tschechisch noch eine andere slawische Sprache. – was? – die tschechische Sprache
Den Namen Lehár betont man ungarisch auf der ersten Silbe. – wie? – richtig
Auch Russisch und Chinesisch sind Konferenzsprachen. – was? – die russische, chinesische Sprache
Ihr mündliches Spanisch wird allgemein bewundert. – was? – ihre Spanischkenntnisse
Sie hat den Roman in Französisch gelesen. – in was? – in französischer Originalsprache
Sie spricht kein Wort Deutsch. – was? – kein Wort der deutschen Sprache

137 →

Ersatzprobe:
Seinen Namen spricht man original so aus.
Er antwortet in gebrochener englischer Sprache.
Ihre Sprachkenntnisse sind noch sehr lückenhaft.
Die Gebrauchsanweisung ist in verständlicher und klarer Sprache abgefasst.
Ich verstehe weder diese Sprache noch eine andere slawische Sprache.
Den Namen Lehár betont man richtig auf der ersten Silbe.
Auch diese Sprachen sind Konferenzsprachen.
Ihre mündliche Sprachfähigkeit wird allgemein bewundert.
Sie hat den Roman in französischer Originalsprache gelesen.
Sie spricht kein Wort der deutschen Sprache.

138 →

die deutsche Sprache – welche Sprache?
einen Namen deutsch aussprechen – wie aussprechen?
sich italienisch unterhalten – wie unterhält sie sich?
eine dänische Übersetzung – wie ist die Übersetzung?
Der Brief ist französisch geschrieben – wie ist er geschrieben?

139 →

Wir haben uns griechisch unterhalten.
Er sagt es deutsch.
Das Schreiben ist englisch abgefasst.
Wir haben morgen in der ersten Unterrichtseinheit Französisch.
Er lernt Russisch in der Volkshochschule.
Er kann Portugiesisch.
Er spricht bayrisch.
Sie unterrichtet Japanisch.
Sie spricht weder Slowenisch noch Kroatisch.

140 →

eine spanische Wand	ein Paravent, ein Wandschirm
mit jemandem deutsch reden	jemandem offen die Meinung sagen
die englische Krankheit	die Rachitis
Ihm kommt das spanisch vor.	Ihm kommt das seltsam vor.
hinter schwedischen Gardinen	im Gefängnis

141 →

Wir haben uns auf Griechisch unterhalten.
Er sagt es auf Deutsch.
Das Schreiben ist auf Englisch abgefasst.

142 →

Am interessantesten war es, als wir in den Hafen einfuhren.
In den Ferien schlafe ich am längsten.
In der Bucht war der Wind am schwächsten.
Katja ist am schnellsten gelaufen.

Eine gute Zeitung ist für mich am wichtigsten.
Diese Sendung ist bei Kindern am beliebtesten.

143 →

Es war das Lustigste, was wir jemals im Kino gesehen haben.
Es war das Schrecklichste, was ich jemals durchgemacht habe.
Es war das Wertvollste, was ich jemals gefunden habe.
Es war für mich das Lehrreichste, was ich jemals erlebt habe.
Es war das Beste, was wir jemals gegessen haben.
Es war das Köstlichste, was wir jemals von ihm an Witzen gehört haben.
Es war das Gefährlichste, was er jemals bei einer Bergtour gewagt hat.
Es war das Sinnloseste, was er jemals geäußert hat.

144 →

Es ist das Bedeutendste, was jemals über dieses Thema geschrieben wurde.
Nach Hause gehen und schlafen ist das Beste, was wir tun können.
Der Neubau des Kindergartens geschieht zum Besten unserer Kinder.
Die Kleinsten werden von einer ausgebildeten Kindergärtnerin betreut.
Die Schönste von allen wurde zur Königin des Weinfestes gewählt.
Das Geringste, was er tun kann, ist, sich zu entschuldigen.
Ich werde mein Möglichstes tun, um deine Bitte zu erfüllen.
Durch die Hilfslieferungen kann die Bevölkerung mit dem Notwendigsten versorgt werden.
Nach seinen Andeutungen waren wir schon auf das Schlimmste vorbereitet.
Sich rechtzeitig ins Ausland abzusetzen ist das Sicherste, was er tun konnte.

145 →

bis zum Letzten	(sehr, in äußerstem Maße)
bis ins Letzte	(bis in alle Einzelheiten genau)
es ist das Beste	(am besten)
auf das Beste	(sehr gut)
auf das Äußerste	(sehr)
auf das Strengste	(sehr streng)
nicht im Entferntesten	(überhaupt nicht)
nicht das Geringste	(gar nichts)
das Schlimmste	(am schlimmsten)
als Nächstes	(jetzt)

Das Schlimmste ist, dass er keinen Lebenswillen mehr hat.
Wir haben nicht im Entferntesten daran gedacht, dich im Stich zu lassen.
Sie war auf das Äußerste erbost.
Es ist das Beste, wenn er sich die Sache einmal in Ruhe ansieht.
Ich habe nicht das Geringste von unserem Gespräch weitererzählt.
Sie hat sich bis zum Letzten verausgabt und trotzdem verloren.
Sie war für den Wettkampf auf das Beste vorbereitet.
Als Nächstes folgt die große Elefantennummer.
Die Vorgänge, die zum Sturz des Diktators führten, sind bis ins Letzte erforscht.
Das Gebäude wird von der Polizei auf das Strengste bewacht.

146 →

das Neueste	die neuesten Nachrichten
dein Nächster	dein Mitmensch
am Einfachsten	an den leichtesten Aufgaben
das Wichtigste	die wichtigen Dinge
bis zum Äußersten	sehr
nach dem Höchsten streben	die Vollkommenheit erreichen wollen

Das Komplizierte beherrscht er, aber am Einfachsten ist er gescheitert.
Weißt du schon das Neueste?
Wir waren bis zum Äußersten angespannt.
„Liebe deinen Nächsten“, heißt es in der Bibel.
In seinem maßlosen Ehrgeiz wollte er immer nach dem Höchsten streben.
Er kümmert sich um vieles, übersieht aber meist das Wichtigste.

147 →

Alle Kinder waren beschäftigt.
Er isst gern Schinken.
Viele alte Leute waren anwesend.
Er war der tüchtigste und einfallsreichste unter den Angestellten.
Die Rose ist für viele die edelste aller Blumen.
Da sein Computer kaputt ist, arbeitet er auf meinem alten.

148 →

Er meinte, sein Sportwagen wäre das schnellste aller Autos.
Die aufmerksamen unter den Gästen brachten der Hausfrau Blumen.
Rosen sind ihre Lieblingsblumen. Am besten gefallen ihr die dunkelroten.
Bring mir bitte ein Stück Leberwurst. Nimm aber von der feinen und nicht von der groben.
Er war der am besten durchtrainierte unter allen Sportlern.

149 →

Von allen Schlangen ist die Kobra die gefährlichste.
In unserer Gegend gibt es viele gotische Flügelaltäre. Einer der berühmtesten ist in St. Wolfgang.
Die Straße hat mehrere Kurven. Die engste ist gleich außerhalb des Ortes.
Wir verbrachten einige Tage in Venedig; es waren die anstrengendsten unserer Reise.
Von den beiden Schwestern ist Eva die hübschere.
Der Brief liegt auf dem Schreibtisch, entweder auf meinem oder auf deinem.

150 →

In unserer Straße gibt es zwei Supermärkte, einen großen und einen kleinen. Wir kaufen immer im kleinen ein.
Wir kauften zwei Pullover, einen roten und einen grünen. Mir gefällt der grüne am besten.
Sie nähte Gardinen für die neue Wohnung. Die bunten kommen ins Kinderzimmer, die gestreiften ins Schlafzimmer. Mir hätten die gestreiften besser gefallen.
Es gibt zwei Wege zu unserem Wochenendhaus, einen längeren über die Autobahn, einen kürzeren über die Landstraße. Ich nehme immer den kürzeren.
Es standen zwei Arten von Wein zur Auswahl, italienischer und deutscher. Wir trinken lieber italienischen.

151 →

die schweizerische Regierung
die afrikanische Kultur
die bayerischen Universitäten
die dänische Bevölkerung
österreichische Weine
italienische Autobahnen
sächsische Landschaften
die römische Stadtverwaltung
die schleswig-holsteinische Küste

152 →

die platonischen Schriften
die pythagoreische Philosophie
die einsteinsche Relativitätstheorie
das grimmsche Wörterbuch
die homerischen Epen
die kopernikanischen Schriften
die luthersche Theologie
goethesche Lyrik
die brechtsche Dramaturgie
das ohmsche Gesetz
die webberschen Musicals
der gregorianische Kalender
die mosaischen Bücher
die konfuzianischen Aussprüche
das archimedische Prinzip

153 →

Der Schauspieler sprach den Text mit einem schillerschen Pathos.
Der Komponist verwendete eine wagnersche Leitmotivtechnik.
Das kopernikanische Weltsystem löste das geozentrische Weltsystem ab.
Der Lehrer erklärte den pythagoreischen Lehrsatz.
Wir besuchten eine Ausstellung über die ottonische Kunst.
Er fällte ein salomonisches Urteil.

Die meisten vorlutherischen Bibelübersetzungen hatten noch geringes sprachliches Niveau.
Das war ein freudscher Versprecher.

154 →
die kalvinistische Lehre
eine darwinistische Auffassung
die marxistische Gesellschaftslehre
das maoistische China
die stalinistischen Bauten
die trotzkistische Partei
ein buddhistischer Mönch

155 →

Kultur- und Vergnügungsveranstaltungen:	Bauten:
die Wiener Festwochen	der Hamburger Hafen
die Baseler Fasnacht	der Moskauer Kreml
die Salzburger Festspiele	der Londoner Tower
das Münchner Oktoberfest	der Kölner Dom

156 →
Lübecker Marzipan
Schwarzwälder Kirschtorte
Pilsener Bier
Nürnberger Lebkuchen
Kieler Sprotten
Salzburger Nockerln
Harzer Roller
Edamer Käse
Wiener Schnitzel
Berliner Weiße

157 →
Schweizer Käse
Pfälzer Wein
das Hamburger Schauspielhaus
Salzburger Festspiele
Thüringer Wurst

158 →
Wie alt ist er denn? Er ist schon über dreißig.
Man darf nicht durch null teilen.
Wo seid ihr zwei schon wieder gewesen?
Du siehst drein, als ob du nicht bis drei zählen könntest.
An der Demonstration nahmen nur einige hundert teil.
Auf allen vieren kroch er aus der Höhle.
Ein Mann von achtzig hat genug Erfahrung.
Wir müssen den Kuchen durch fünf teilen.

159 →
Sie nahm das erste Beste und gab sich damit zufrieden.
Das wäre fürs Erste genug.
Du bist nicht der Erste, der das sagt.
Als Erstes möchte ich bemerken, dass ich nur in Vertretung hier bin.
Der/die Erste im Alphabet soll beginnen.
Er hat bei uns wie kein Zweiter gearbeitet.
Kommt ihr zu zweit oder zu dritt?

160 →
Ich komme in zwei Wochen zurück.
Der Abschnitt vier muss noch überarbeitet werden.
Was drei wissen, wissen bald auch dreißig.
Rufe mich bitte nach sieben an.
Den Gewinn werden wir gerecht durch drei teilen.
Wir zwei gehören zusammen.
Viele Menschen über siebzig leben noch sehr sportlich.
Diese drei habe ich schon gesehen.

161 →
ein zehntel Millimeter / ein Zehntelmillimeter
nach drei viertel Stunden / nach drei Viertelstunden
in sechs hundertstel Sekunden / in sechs Hundertstelsekunden
ein viertel Liter / ein Viertelliter
ein achtel Kilo / ein Achtelkilo
nach drei viertel acht

162 →

die Zahl Zwei	die verhängnisvolle Dreizehn
die Ziffer Drei	eine arabische Acht
die Eins	die Null
eine Vier	eine deutliche Neun
die böse Sieben	eine Acht laufen
ein Defizit von mehreren Millionen	die Kosten gehen in die Milliarden

163 →

die siegreiche Elf	eine Mannschaft
in die Acht umsteigen	eine Buslinie
die böse Sieben	eine Unglückszahl
eine Sechs würfeln	Punkte auf dem Würfel
eine Fünf schreiben	eine Note in der Schule
in die Achtzig kommen	Jahre

164 →

In Mathematik schrieb er eine Vier.
Er gab der Dreizehn die Schuld an dem Unglück.
Wir fahren mit der Vier zur Schule.
Sie radierte die Drei aus und schrieb eine Fünf.
Auf diesem Gebiet ist er eine Null.
Wenn ich jetzt eine Sechs würfle, habe ich gewonnen.
Wie schreibt man eine römische Fünf?

165 →

ein Drittel der Lieferung
ein Zehntel der Wegstrecke
drei Fünftel aller Antworten
zwei Drittel des Betrages
ein Viertel Wein
ein Achtel Butter
eine Halbe Bier
(Es gibt hier natürlich verschiedene Möglichkeiten.)

166 →

ein Achtel	der achte Teil von etwas
drei Viertel	75 %
Es ist Viertel nach sechs	6 Uhr 15
das Hundert	eine Einheit von 100 Stücken
ein halbes Hundert	50
ein Dreitausender	ein Berg über 3000 m Höhe
ein Millionstel	der millionste Teil

167 →

Am Ersten des Monats
Das kommt nicht in Frage, das wäre das Letzte!
ein Dritter
sein Letztes geben
zum Ersten kündigen
der/die Letzte
der Erste, der Zweite und der Dritte
die Ersten werden die Letzten sein
jeder Vierte
als Fünfter
fürs Erste
der/die Erste im Land
Vierter werden
vom Hundertsten ins Tausendste kommen (sich in Einzelheiten verlieren)

168 →

Einem Dritten gegenüber darf von unserem Gespräch nichts erwähnt werden.
Die Feuerwehrleute gaben beim Brand des Chemiewerkes ihr Letztes.
Der Erste, der Zweite und der Dritte werden bei der Siegerehrung genannt.
Am Ersten des Monats wird unser Gehalt überwiesen.
Warte bis zum Ende: Schon in der Bibel steht: Die Ersten werden die Letzten sein.
Du möchtest allein nach Indien trampen? Das wäre das Letzte!
Du musst gewaltig aufholen, du bist die Letzte in der Klasse.
Ich verlasse die Firma und werde zum Ersten kündigen.
Jeder Vierte lehnte das Projekt ab.
Er kam als Fünfter an die Reihe.
Fürs Erste wollen wir darüber nicht mehr reden.
Nach dem Tod des Präsidenten wurde sie die Erste im Lande.
Wegen eines Fehlstarts wurde er nur Vierter.
Ich bin die Letzte im Alphabet.
In seinen Erzählungen kam er immer vom Hundertsten ins Tausendste.

169 →

Mehrere hunderte/Hunderte von Beschäftigten des Werks wurden arbeitslos.
Einige hundert/Hundert demonstrierten vor dem Regierungsgebäude.
Das weiß von hundert nur einer.
Viele tausende/Tausende bestaunten das Feuerwerk.
Der Beifall tausender/Tausender von Zuschauern erzeugt eine großartige Stimmung.

Die Kosten gehen in die tausende/Tausende.
Von den gelieferten Gläsern war kaum ein halbes Hundert noch ganz.
Sie starben zu tausenden/Tausenden an Cholera.
Beim Festzug säumten hunderte/Hunderte und aber hunderte/Hunderte die Straßen.
Es ist noch ein letztes Hundert Nägel auf Lager.

170 →

Der eine hört gern Musik, der andere liebt die Stille.
Nicht viele wissen über politische Vorgänge genau Bescheid.
Die meisten wählen nach Sympathie und nicht nach Überlegung.
So wirst du auch die wenigen Gäste noch verärgern.

171 →

Ich habe in diesem Geschäft nichts anderes bekommen.
Wir beide gehen unsere Wege, die anderen sollen reden, was sie wollen.
Ein anderer hätte sich über die schlampige Briefzustellung beschwert.
Jeder andere wäre glücklich, wenn er diesen Job hätte.
War für diese Aufgabe kein anderer zu gewinnen?
Du kannst das Buch behalten, wir haben genug anderes zu lesen.

172 →

Von ihren Söhnen gehen alle beide noch zur Schule.
Ein jeder, eine jede bekam als Andenken eine Urkunde.
Ich möchte auch einmal ein solcher werden.
Wer denkt an die vielen, die Not leiden?
Hier ist schon mancher ausgeraubt worden.
Alle jene, die Karten reserviert haben, sollen nach vorne kommen.
An der Grenze müssen alle den Pass vorweisen.

173 →

Nach der Zerstörung der Häuser standen die Menschen vor dem Nichts.
Da hat ein gewisser Jemand sein Zimmer nicht in Ordnung gebracht.
Der Chef hat mir das Du angeboten.
Was, dieses Nichts will mich beleidigen?
In der Dunkelheit spürte ich ein weiches Etwas an meinen Beinen.
Das liebe Ich siegt oft über die guten Vorsätze.
Dein ewiges Warum geht mir schon auf die Nerven.
Dieser Hund ist eine Sie, kein Er.
Wenn es gegen Donnerstag geht, ist mein anderes Ich schon im Wochenende.
Der Weg vom Ich zum Wir
Die Brücke vom Ich zum Du

174 →

das Du	das Duwort, die vertraute Anrede
ein Er und eine Sie	ein Mann und eine Frau
das Nichts	eine Kleinigkeit, sehr wenig
das Mehr	eine zusätzliche Menge

Der Chef hat mir das Du angeboten.
Ärgere dich nicht über ein Nichts!
Ein Er und eine Sie wandelten Hand in Hand den Strand entlang.
Jedes Mehr an Kosten muss von der Direktion genehmigt werden.

175 →

„Frau Wendlinger, Ihre Tasche ist offen!"
„Herr Professor, Sie haben Ihr Brillenetui verloren!"
„Frau Doktor, Sie waren sehr nett zu dem Patienten!"
„Herr Bürgermeister, setzen Sie sich für eine neue Buslinie ein!"
„Dürfen wir Sie bitten, Ihre Einkaufstaschen an der Kasse zu öffnen?"
„Halt, Sie müssen Ihren Reisepass vorweisen."

176 →

Könnten Sie meiner Tochter ihre Briefe bringen?

Haben Ihre Kinder ihre Ferien gut verbracht?
Wir haben Ihretwegen der Mieterin und ihrem Sohn gekündigt.
Die Vertreibung der Bevölkerung mit ihren Folgen muss auch Sie aufrütteln.
Wir wünschen Ihren Eltern alles Gute und hoffen auf ihre baldige Genesung.

177 →

Werfen Sie bitte den Müll nicht neben die Behälter!
Halten Sie bitte die Handtaschen fest umklammert!
Geben Sie bitte die Schirme und Taschen in der Garderobe ab!
Nehmen Sie bitte im Park die Hunde an die Leine!
Rauchen Sie bitte nicht in den Krankenzimmern!

178 →

„Hallo Gerda! Wie geht es Ihnen? Hatten Sie eine schöne Fahrt?"
„Ach, Sie hätten sehen sollen, wie voll der Zug war."
„Sehen Sie, wir sind alle gekommen, Sie abzuholen. Aber wo haben Sie denn Ihren Koffer?"
„Mein Gott, der ist ja noch im Zug! Können Sie ihn noch herausholen?"
„Wie denn? Der Zug fährt ja schon wieder los."
„Gehen Sie mit mir zur Fahrdienstleitung, vielleicht kriegen wir den Koffer noch."
„Natürlich helfen wir Ihnen. Hatten Sie Wertvolles in ihrem Koffer verpackt?"
„Nur die Schmutzwäsche. Und für Sie ein paar Mitbringsel."

179 →

Aus Briefen:
Ich ersuche Sie, mir die Ware zum frühesten Termin zu liefern.
Wir haben Ihr Schreiben erhalten und können Ihnen nun Folgendes mitteilen.
Ich werde Ihnen natürlich alle Auslagen, die Sie bei dieser Reise hatten, ersetzen.
Sie können nicht verlangen, dass wir Ihretwegen die ganze Nacht das Licht brennen lassen.

Angaben auf einem Fragebogen, in Lehrbüchern:
Unterstreichen Sie das richtige Wort.
Tragen Sie Ihren Namen und die Ihrer Familienangehörigen ein.
Welches Bild gefällt Ihnen am besten?
Kreuzen Sie die zutreffenden Antworten an.
Wenn Sie die Briefe ins Englische übertragen, müssen Sie Folgendes beachten.

Wörtliche Rede:
Der Kellner fragte: „Was wünschen Sie zu trinken?"
„Machen Sie mit dem Brief, was Sie wollen", antwortete er ärgerlich.
„Ich finde Ihre Antwort gar nicht schmeichelhaft", sagte sie.

Aufrufe, Warnungen:
Fahren Sie auf regennasser Fahrbahn besonders vorsichtig!
Überzeugen Sie sich selbst von der Qualität der Ware!
Auch Ihre Unterschrift zählt!

180 →

Beileid, Anteilnahme:
Zu Ihrem schweren Verlust drücken wir Ihnen und Ihrer Familie unsere Teilnahme aus.
Wenn wir auch Ihr Leid nicht lindern können, so sollen Sie doch wissen, dass wir mit Ihnen fühlen.
Mir bleibt in dieser Stunde nichts, als Ihnen meine Hilfe und meinen Beistand anzubieten.
Rufen Sie mich, und ich bin an Ihrer Seite.

Glückwünsche:
Ich wünsche Ihnen und Ihrer Familie viel Glück im neuen Jahr.
Da Sie nun in den Ruhestand treten, wünsche ich Ihnen viel Glück, Gesundheit und vor allem viele gute Ideen für die Gestaltung Ihrer Freizeit.
Wir gratulieren Ihnen von Herzen zur bestandenen Meisterprüfung und wünschen Ihnen für die künftigen Aufgaben Glück und Erfolg.

181 →

Sehr geehrte Frau Schuster, sehr geehrter Herr Schuster,
wir haben uns sehr gefreut, dass wir Sie bei unserem Fest als Ehrengäste begrüßen durften. Sie haben unsere Jubiläumsveranstaltung durch Ihre Anwesenheit sehr bereichert. Dafür möchten wir Ihnen herzlich danken. Wir hoffen, dass Ihnen der Abend in unserem Kreis in guter Erinnerung bleiben wird.
Mit freundlichen Grüßen
Ihr

182 →

Sehr geehrte Frau Schöbel,
es tut mir sehr leid, dass unser Sohn Tommy beim Ballspielen eine Scheibe Ihres Wohnzimmerfensters eingeworfen hat. Selbstverständlich kommen wir für den Schaden auf. Schicken Sie uns bitte nach der Reparatur die Rechnung oder bringen Sie sie – wenn Sie mögen – vorbei. Dann könnten wir bei Kaffee und Kuchen ein wenig plaudern.
Mit freundlichen Grüßen
Ihre

183 →

Liebe Frau Schmidt,
zu unserer silbernen Hochzeit am 28. April laden wir Sie herzlich ein. Gerade Ihre Anwesenheit ist uns besonders wichtig.
Über viele Jahre haben Sie unseren Lebensweg begleitet, nahmen Anteil an unserem Leid und unserem Glück. Mit Ihnen durften wir eine Nachbarschaft erleben, die wir sehr genossen haben. Wäre es nicht schön, wenn wir Sie an unserem Festtag begrüßen könnten? Wir hoffen auf Ihre Zusage.
Mit freundlichen Grüßen
Ihre

184 →

Wir haben uns um euch solche Sorgen gemacht. Ich habe euretwegen kaum schlafen können. Gestern kam endlich euer Brief, und nun wissen wir, dass ihr gut angekommen seid und dass es euch gut geht. Lasst uns wissen, wann ihr zurückkommt. Wir holen euch vom Bahnhof ab.

185 →

Liebe Eltern!
Wir danken euch für euren Brief. Um uns habt ihr euch ganz umsonst Sorgen gemacht. Wir kommen am nächsten Montag am Abend an. Wenn ihr uns abholen könnt, sind wir sehr froh, damit wir die Koffer nicht schleppen müssen. Die genaue Ankunftszeit teilen wir euch telefonisch mit.
Bis bald!
Eure Astrid und euer Martin

186 →

Damit sich alle in diesen Räumen wohl fühlen können, müssen Sie sich an einige Spielregeln halten:
Es ist unbedingt nötig, dass Sie das Geschirr in der Bar selbst abräumen und abwaschen, dass Sie die Zeitschriften wieder in das Regal zurückbringen und dass Sie beim Verlassen der Räume die Fenster schließen.
Auch Sie würde lautes Trampeln und überlaute Musik aus dem Kassettenrekorder beim Lesen oder Lernen stören; nehmen Sie deshalb bitte auf die andern Rücksicht.
Wenn Sie mit der Band üben wollen, gehen Sie bitte in den Raum im Keller.
Wenn Sie sich an diese paar Regeln halten, werden alle ihren Nutzen haben: Sie und Ihre Gäste.

187 →

Denke nicht an das Morgen.
Er hofft auf besseres Leben im Jenseits.
Mein Gegenüber war sehr gesprächig.
Es gibt für dich kein Zurück.

188 →

das Zuhause	die eigene Wohnung, das eigene Heim
das Diesseits	die Welt, das Leben auf der Erde
das Durcheinander	der Wirrwarr
das Gestern	die Vergangenheit
der Rechtsaußen	der rechts außen Spielende

189 →

Er genießt den Tag und interessiert sich nicht für das Nachher.
Du hast die Entscheidung getroffen, es gibt kein Zurück mehr.
Das Heute ist ihm wichtiger als das Morgen.
In manchen Kulturen gab man den Toten Speisen ins Jenseits mit.
Vom Vielleicht ist es nicht weit zur Lüge.

190 →

Im Nachhinein kann man immer der Klügere sein!
Er hat mich schon des Öfteren in meinem Gartenhaus besucht.
Die Arbeit muss im Voraus bezahlt werden.

191 →

Das war ein fürchterliches Hin und Her, bis die Entscheidung fiel.
Es war ein großes Fest mit reichlichem Essen, einem Lagerfeuer und allem Drum und Dran.
Zwischen dem Gestern und dem Morgen liegt ein schönes Heute.
Das Ja und Nein ist bei unserem Chef nie so endgültig.

192 →

Der Ball befindet sich bereits im Aus.
In der fünften Runde des Kampfes kam das Aus für ihn.
Wegen seines Rückens machte ihm das ständige Auf und Nieder bei den gymnastischen Übungen zu schaffen.
Vor einer endgültigen Entscheidung müssen wir sorgfältig das Für und Wider abwägen.
In ihrer Biografie spiegelt sich das Auf und Ab des Lebens.

193 →

Du sollst nicht so viele Und verwenden.
Ihr Wenn und Aber verzögert jede Entscheidung.
In dieser Frage gibt es kein Sowohl-als-auch, sondern nur ein klares Entweder-oder.
Mit seiner Philosophie des Als-ob täuscht er sich über viele Probleme hinweg.
Sein ständiges Aber bringt die Lehrer zur Verzweiflung.

194 →

Interjektion	substantiviert	Substantiv
wau wau	ein lautes Wauwau	der Wauwau (Hund)
ticktack	das Ticktack der Uhr	die Ticktack (Uhr)
hallo	ein fröhliches Hallo	das Hallo (Aufregung, Geschrei)
wehe	klagendes Wehe	das Weh (der Schmerz)
trara	ich hörte ein Trara	das Trara (Hornsignal, Lärm)

195 →

Unter großem Weh und Ach strich er den Gartenzaun.
Ihr dauerndes Oh geht allen auf die Nerven.
Ein lautes Au folgte dem Tritt auf die Zehen.
Mit Ach und Krach schaffte er das Abitur.
Ein vielstimmiges Ah war beim Auftritt der Braut zu hören.

196 →

Vornamen	Zunamen	Städte	Länder
Isolde	Schiller	Dresden	Irland
Rudolf	Schmidt	Mailand	Kolumbien

Erdteile	Werke	Gebäude	Flüsse
Afrika	Asterix	Eiffelturm	Donau
Europa	Odyssee	Kolosseum	Rhein

197 →

Personennamen	Straßennamen	geografische Namen
Friedrich der Dritte	Am Stadtpark	Hohe Tauern
Lucas Cranach der Ältere	Im Weingarten	Naher Osten
Ludwig van Beethoven	Lange Straße	Schwäbische Alb
Peter der Große	Obere Rheinstraße	Stiller Ozean
Walther von der Vogelweide	Unter den Linden	Vereinigte Staaten

198 →

der Französische Dom	Berlin
der Schiefe Turm	Pisa
der Rote Platz	Moskau
das Weiße Haus	Washington, Moskau
die Komische Oper	Berlin
die Sixtinische Kapelle	Vatikan
die Große Mauer	China
die Blaue Moschee	Istanbul
das Große Festspielhaus	Salzburg

199 →

– Züge: der Rasende Roland, der Blaue Enzian (EC 115)
– Organisationen: das Deutsche Rote Kreuz, das Olympische Komitee, die Christlich-Demokratische Union, die Vereinten Nationen
– Behörden, Institute: das Auswärtige Amt, die Technische Universität Hannover
– Sternbilder: der Kleine Bär, der Große Wagen

200 →

der Dreißigjährige Krieg	b	1618 –1648
der Westfälische Friede	a	1648
die Französische Revolution	c	1789
der Erste Punische Krieg	a	264 – 241
der Russisch-Japanische Krieg	b	1904/05
der Spanische Erbfolgekrieg	c	1701 –1714
der Hundertjährige Krieg	a	1339 –1453

201 →

Heiliger Stuhl
Heiliger Abend
Heiliger Vater
Erster Mai
Altes/Neues Testament
Goldenes Zeitalter

202 →

Otto der Erste, Deutschland
Elisabeth die Zweite, England
Richard der Dritte, England
Heinrich der Vierte, England, Deutschland
Karl der Fünfte, Deutschland, Spanien
Heinrich der Sechste, England
Gregor der Siebte, Kirchenstaat
Heinrich der Achte, England
Karl der Neunte, Frankreich
Pius der Zehnte, Kirchenstaat

203 →

Ich esse im „Alten Rathaus"
.... in den „Vier Jahreszeiten"
.... in der „Alten Post"
.... im „Grünen Anker"
.... im „Weißen Lamm"

204 →

Als Wohnsitz gab er Berlin, An der Spandauer Brücke 3 an.
Das Gasthaus hatte den klangvollen Namen „Zur Schönen Müllerin".
Von weitem war schon „Gasthof zur Alten Post" zu lesen.
Die Feier fand in dem beliebten Gasthaus „Zum Wilden Mann" statt.
Kommst du heute mit zum „Wilden Mann"?

205 →

Hast du „Die letzte Welt" schon gelesen?
Kennst du den Film „Letztes Jahr in Marienbad"?
Hängt „Die unbekleidete Maja" im Prado oder im Louvre?
Ich suche die „Kleine Geschichte der deutschen Sprache".
Sie trug in ihrem letzten Konzert „Die Ungarische Rhapsodie" vor.

206 →
Hast du die „Letzte Welt“ schon gelesen?
Mit dem „Letzten Jahr in Marienbad“ ist Resnais einer seiner besten Filme gelungen.
Ich kenne die „Unbekleidete Maja“ von Goja nicht.
Hast du in der kleinen „Deutschen Sprachgeschichte“ nachgelesen?
Mit der „Ungarischen Rhapsodie“ konnte sie den größten Erfolg erringen.

207 →
Was ist Ökologie?
Die Ökologie ist eine aus der Biologie hervorgegangene Wissenschaft, die sich mit den Beziehungen der Organismen untereinander und zu ihrer Umwelt befasst. Sie wurde 1866 von dem deutschen Biologen Ernst Haeckel begründet. Zum einen erforscht sie den Einzelorganismus und seine Abhängigkeit von der Umwelt, dazu gehören z. B. Klima und Boden. Zum andern untersucht sie ganze Lebensgemeinschaften. Auch die Beziehungen dieser Lebensgemeinschaften untereinander und zu ihrem Lebensraum werden dabei erforscht. In jüngerer Zeit hat die Ökologie auch aufgrund der Umweltprobleme, die verstärkte Bemühungen in Umweltschutz und Naturschutz zur Folge hatten, große Bedeutung erlangt, besonders für den Pflanzenbau, die Schädlingsbekämpfung und die Forstwirtschaft.

208 →
Wohin gehst du? Ins Kino.
Es hat heute geschneit! Wirklich?
Wie spät ist es? Halb zwei.
Wissen Sie, wann die Vorstellung beginnt? Ja, um 8 Uhr.
Wie oft warst du schon am Meer? Bestimmt fünfmal.

209 →
Wolf und Lamm
Ein Wolf und ein Lamm kamen zufällig beide an einen Bach, um zu trinken. Der Wolf trank oben am Bach, das Lamm aber weit unten. Als der Wolf das Lamm bemerkte, lief er zu ihm und sprach: „Warum trübst du mir das Wasser, dass ich nicht trinken kann?“ Das Lamm antwortete: „Wie kann ich dir das Wasser trüben, wenn du über mir trinkst?“ Der Wolf sprach: „Wie, du beschimpfst mich noch?“ Das Lamm antwortete: „Ich beschimpfe dich nicht.“ „Genauso machte es dein Vater vor sechs Monaten“, sprach der Wolf. Das Lamm antwortete: „Damals bin ich noch nicht geboren gewesen, wie soll ich mich da für meinen Vater verantworten?“ „Du hast mir aber meine Wiesen und meine Äcker abgenagt und verwüstet.“ Das Lamm antwortete: „Wie soll das möglich sein, ich habe ja noch gar keine Zähne!“ „Ei“, sprach der Wolf, „und wenn du noch so viele Ausreden hast, so will ich dich doch noch heute fressen“, und er würgte und fraß es.

210 →
Das Thema lautete: Warum lernen wir Fremdsprachen?
Eines ist sicher: Nächstes Mal müssen wir die Reise besser vorbereiten.
Eines kann ich mir nicht erklären: Warum hat er gerade an diesem Abend die Tür abgeschlossen?
Darauf kannst du dich verlassen: Ein zweites Mal kommt mir dieser Mensch nicht ins Haus.
Zusammensetzung: Eine Tablette enthält 100 mg Carbonsäure.
Ein Sprichwort lautet: Der Apfel fällt nicht weit vom Stamm.
Wütend rief der Vater: „Der Computer wird jetzt verkauft!“

211 →

Im Deutschen gibt es drei bestimmte Artikel: der, die, das.
Die Theaterkassen sind zu folgenden Zeiten geöffnet: wochentags 9 – 18 Uhr, sonntags 9 – 12 Uhr.
Familienstand: verheiratet.
Seine Noten: Deutsch: gut, Mathematik: sehr gut.
Das ist ein schönes Tier: ein Pfau.
Die musikalische Umrahmung gestalten: der Kinderchor, ein Streichquartett und ein Pianist.

212 →

's ist unglaublich!
'nen größeren Wagen bekommen wir nächstes Jahr.
'ne größere Sauerei habe ich noch nie gesehen!
...und kehrte nie mehr zurück.

213 →

Du hast das und in diesem Satz übersehen.
Er verwendet häufig dass-Sätze.
Sie ist mit sehr gut durchgekommen.
Das Barometer steht auf „schön".
Das Bindewort aber hat verschiedene Bedeutungen.
Die Heizung war auf kalt eingestellt.
Der Händler hatte den Wagen als neuwertig angeboten.
Bei weil-Sätzen steht das Verb am Satzende.
Das Wort ad acta kommt aus dem Lateinischen.

214 →

Schreibt ein kleines m.
Hier fehlt der Punkt auf dem i.
Das Endungs-t muss deutlich zu hören sein.
Ein Dehnungs-h zeigt die Länge des Vokals an.
Das g in Lage ist nicht lesbar.
Liebe schreibt man mit ie.
Der Stahlträger hat die Form eines T.
Manche Täler haben die Form eines V, andere die Form eines U.
Der Pullover hat einen V-Ausschnitt.
Nach der Brücke kommt eine gefährliche S-Kurve.
Wir haben mehrere O-beinige (o-beinige) Schüler in der Klasse.

215 →

Das A ist der erste Buchstabe des Alphabets.
Ich buchstabiere: A wie Anton, X wie Xanthippe.
Der letzte Band des Lexikons geht von S bis Z.
Jahrelang haben wir auf den Tag X hingearbeitet.
Im Mittelalter wurde V für den Buchstaben U geschrieben.
Das M auf deutschen Kraftfahrzeugen bedeutet München.

216 →

von A bis Z – vom Anfang bis zum Ende, ohne Ausnahme
Wer A sagt, muss auch B sagen. – Wer etwas beginnt, muss es auch fortsetzen und auch Folgen auf sich nehmen.
ein X für ein U vormachen – auf plumpe Weise täuschen
das A und O – die Hauptsache, der Kernpunkt

Diese Geschichte ist von A bis Z erlogen.
Sie lässt sich kein X für ein U vormachen.
Du kannst jetzt nicht plötzlich die Arbeit abbrechen: Wer A sagt, muss auch B sagen.
Ständiges Üben ist das A und O jeder musikalischen Ausbildung.